Civilization and Culturalization

The Morden Orientation of University
Moral Education

CIVILIZATION

教化与文化

传统大学德育的时代面向

周 宏 著

中国社会科学出版社

图书在版编目（CIP）数据

教化与文化：传统大学德育的时代面向／周宏著．—北京：中国社会科学
出版社，2019.1

ISBN 978 - 7 - 5203 - 3851 - 6

Ⅰ.①教… Ⅱ.①周… Ⅲ.①大学生—德育工作—研究—中国 Ⅳ.①G641

中国版本图书馆 CIP 数据核字（2019）第 000572 号

出 版 人	赵剑英
责任编辑	耿晓明
责任校对	李 军
责任印制	李寡寡

出 版	中国社会科学出版社
社 址	北京鼓楼西大街甲 158 号
邮 编	100720
网 址	http://www.csspw.cn
发 行 部	010 - 84083685
门 市 部	010 - 84029450
经 销	新华书店及其他书店

印 刷	北京明恒达印务有限公司
装 订	廊坊市广阳区广增装订厂
版 次	2019 年 1 月第 1 版
印 次	2019 年 1 月第 1 次印刷

开 本	710 × 1000 1/16
印 张	13
插 页	2
字 数	203 千字
定 价	59.00 元

目　　录

导　言

　　道德、教育和大学均与文化之间存在确实而直接的关联，那么"大学德育具有文化属性"在逻辑上无疑是成立的。但现实情况是，在我国的德育理论和实践中，大学德育的文化属性并没有恰当地被重视，并在不够重视和片面对待的偏颇中逐渐式微。虽然经过改革开放以来的文化研究回暖的影响，大学德育的文化属性也只是被有限地关注和有限地复归。"大学德育具有文化属性"这一判断本身能够得到普遍认同，可是在现实的社会运行、教育运行甚至文化运行的环境中，往往遭遇消解，仍然体现出偏重教化的倾向。

　　究其根本，处在困境中的并非大学德育文化属性本身，而是大学德育属性中内外两方面内容的制衡关系，确切地说，是大学德育所具有的"文化价值"的外在的、非本质的工具性属性及其所遮蔽的大学德育作为"价值文化"的主体性和内在价值。所以，大学德育文化属性问题研究的关键并不在于对其成立与否的讨论，也不在于对其存在性的确证，而在于对大学德育文化属性存在状态的审视，对大学德育文化属性中外在工具性与内在价值之间关系失衡的检讨与反思。本书对大学德育文化属性研究的重点就在于文化属性中内在价值相对于外在工具性的失重及其复归。

　　在本书中，德育概念采取"守一而望多"的思路，即德育的核心或基础应该是道德教育,但不排除思想、政治教育与道德教育的千丝万缕的联系。文化的概念取文化哲学的界定思路,倾向于精神方面的内涵,指从人类历史的哲学、艺术、宗教、语言和逻辑、自然科学以及其他人文、社会科学的知识以及人们的思想意识、思维方式、行为方式、生活方式、风俗习惯,以及教育、文化制度和社会组织形式中抽象出来的精神成分及其过程,也包括非精神成分在历史发展中的精神性和意识性过程。从文化的一般特性中抽象出来的文化特性包括整体性、规律性和进步性、主体性和精神性,以及就文化相对形态而言的历时性、文化传统中的民族性和共时性文化主题中的时代性。大学德育的文化属性指大学德育对文化的归属及其所具有的与文化一般特性相一致的特质,以及对民族文化传统和时代文化主题客观体现与必要回应的性质。

结合当前大学德育文化属性失重的情况,首先通过考察德育实效评价中人的主体性如何缺位,德育逻辑起点的确定过程中,人的本质如何失真,找到德育理论和实践中的对"人"的认识和定位的误区;第二,由于我国大学德育文化属性中的文化功用过度开发下的泛教化倾向,导致德育文化属性中外在工具性对内在价值性的挤压,笔者将从我国传统社会和当代社会两方面寻找德育文化属性失重的历史渊源;第三,在探析文化自身的特性、文化与人的实质同一性以及从德育本体立场上阐释大学德育内在范畴的文化本性的基础上,点明大学德育的本质属性是文化性;最后,从文化结构和文化发展的双重维度探讨我国大学德育基于文化主体性和价值性维度的必要文化回应,联系大学德育的现实意识形态引领职能,指出即便从大学德育政治社会化作用的客观要求和大学德育权威维护的主体需要考量,文化进路也是一种理性和适切的选择。依照文化属性的规约,大学德育要坚持基本的文化持守至少包括内在价值性与外在工具性的平衡,价值整合和文化包容的统一,理性与人文的融合，大众意识与精英精神的兼容。

一　问题缘起

科学主义与工具理性的双向效应逐渐将现代社会的发展推向自性背反的两歧矛盾中，人类社会的组织化、高效化发展虽然在形式上简化了自组织，在实质上却并未消减其内涵与内部运行的复杂性，而且外显层面的简化甚至反过来增加人类社会自身的复杂程度，最终制约整体组织的协调有序发展，在技术依赖的恶性循环中愈发积重难返。所以，作为人的主体性的外化，现代化的思维方式、认识方法和技术手段一旦触及解决形上问题的领域尤其是人的心灵问题，其所包含的科学与技术因素的优势往往就会土崩瓦解。这已经成为现代化深陷其中并且无法自拔的矛盾，人在享用现代化的同时不得不遭受其所带来的情感的荒芜和内心的痛苦：人类一面不断地挤占其他生物的生存空间、透支自然资源而获得"超越性"的全面发展，一面越来越失去自我的独立性沦为自己一手打造的现代化大机器的附庸，被迫随其运转而疲于奔命；一面因为工具使人的能力不断外化彰显，为自己生产出各种预期的产品而沾沾自喜，一方面不停抗争自身越来越脱离自然界、越来越异化的寄生命运。与之相应，人们越来越理性化，感觉却越来越退化萎缩，甚至开始产生对自我的不确定性和危机感，人类能力的极限和技术的极限频频被挑战和突破，人类良知和道德的底线屡屡被冲击。

道德属于形上范畴，道德教化是与人类社会共始终的一种人的存在方式，随着社会历史的演进，人们对德育规律和德育实践规律的认识也在不断发展，科学方法和技术的效用在为德育活动提供技术便利的同时并没有显著地增进其实效。可见，德育科学的工具理性取向和德育实践中简单化、具体化的科学性操作，未必能提供解决人的"头脑"问题的可靠路径。大学处在社会的理性和人文的漩涡中心，大学德育无疑要面临更猛烈的理性裹挟和更激烈的人文拷问。如果仅仅局限于培养特定规格的人，那么大学德育就仍然是一种工具取向的主体缺位的德育，"成了为机械的物（大生产中的机器）培养另一种能动的'物'的工具，其过程依然是碾压人性，并使人异化"①，德育一旦置于这样的教育价值取向之下，必然出现德育实效判断标准迷茫的问题。而与此相应的是，德育活动难免无法达成目标，也便无法走出德育低效的困局。

（一）实效性：德育的实践瓶颈

关于德育实效有限问题，常见的归因与对策普遍针对理念、目标、内容、方法手段等环节或过程要素提出。德育的方法手段只在既定的德育实效方向上产生不同程度的影响，构成德育实效的影响因素，却不能成为德育低效②的原因。在德育实效的影响体系中，方法手段作为德育过程的介体对具体教育环节和有形教育场合的影响效果是相对明显的，而就德育实践的整个"内化—外化"过程而言，这种有效性主要体现在德育对象的道德认知确立环节，而在道德情感形成、道德信念坚守以及道德行为转化和道德习惯养成中的体现则依其机制复杂程度而递减；在对德育低效问题的归因系统中，与德育的方法手段相比较，德育的目标与内容是相对深层次的归因。目标与内容贯穿于德育过程的全部阶段与环节，具有导向作用，因而在德育低效问题上无疑负有更大的责任；从理念层面入手的德育低效归因，最有可能触及德育低效问题的根本层面。理念作

---

① 董云川、刘永存：《论人的存在方式对教育的规定性与教育的超越》，《思想战线》2010 年第 2 期。

② 此处，"低效"是相对于德育的重要性而言，并不否定德育已经取得的实际效果。

为理性化的思维活动模式具有深刻、切近本质的特点。同时，理念作为理性化看法和见解的表现形式，可以是从事物各角度和层面切入而形成的概括，不见得对一事物提出的所有理念都在本质层面具有深刻性和切近性。德育内容是"以什么培养人"的问题，德育目标是"培养什么人"的问题。可以说，德育内容是由德育目标决定的，但又具有相对独立性，能够反过来影响和制约德育目标的实现。德育内容是与德育目标相对应的具体化和可操作性转化，是为德育目标的实践落实所做的准备，德育内容直接反应德育目标的需要，同时德育内容对德育目标的转化情况也规约德育目标的实现情况。对于德育低效问题只有建立在把握德育实效性的真正含义的基础上厘清德育有效性的评估标准，才能做出有针对性的、中肯的归因。德育有效性的评估属于价值问题，价值是在与主体的关系中才有意义的范畴。德育作为教育的具体形态之一具有双主体的特性，那么德育实效的评估必然需要兼顾这一特性，这就牵涉到在德育实效评估的尺度与准则确定中对同样具有德育主体身份和资格的学生主体的必要观照。

（二）逻辑起点：德育的理论始基

德育学原初的理论依据或事实依据是否可靠，直接规定了其所生发的德育理念、其所规约的德育内容及德育目标、其所推演的德育模式是否能够最终引导德育实践在德育对象那里发生正确的德育转化和收到理想的德育效果。德育的逻辑起点问题无疑对理解和解决包括德育低效在内的德育科学全部问题具有根源和本质的决定性。道德是德育概念体系的重要内容，道德的主体是人，德育实践的主客双方也是人；道德、教育、德育都是与人类历史相伴始终的、人的存在方式。学者们对德育逻辑起点的不同定义及内涵解读中普遍包含"人"这一共同因子，从"人"出发寻找德育逻辑起点这一方法本身无疑是正确的,但是,对德育学科中人的本质做不同的抽象,则会对德育逻辑起点产生性质根本不同的定位。

(三) 德育—人—文化之间的关系

现代化是人们用以表征文艺复兴以来的整体文化历史现象及其变革运动的社会历史范畴,人文主义与近代理性主义代表文艺复兴运动中的两种不同传统、不同精神。近代理性主义主张科学和理性,人文主义对科学和理性采取辩证批判的态度,从人的文化创造活动中探寻自由人性和历史进步的根基。"教育有如一条大河,而文化就是河的源头和不断注入河中的活水。研究教育,不研究文化,就只知道这条河的表面形态,摸不着它的本质特征。只有彻底把握住它的源头,才能彻底地认识教育的精髓和本质。"① 文化是人的主体性生成的外在表征,文化和人是具有自反性的一对范畴,教育以"成人"为要义,德育同时处在教育成分与文化结构的核心层面,与教育之"成人"、与文化之人的自我创造性之间具有切近关系。

德育具有文化属性,德育处在教育与文化的核心层面,大学又居于教育与文化的前沿位置,对大学德育来说,澄明和始终固守文化属性尤其必要。客观来说,把握大学德育的文化属性,理性地对待德育价值与意义,即使从工具取向和功利立场来看,文化属性也是大学德育实践得以发挥功能、实现目标的基础和前提。对大学德育从文化的高度加以审视、在文化的深度加以透视,依托文化的张力与包容考察大学德育与人、人类社会之间的关系,更有助于厘清大学德育的渊源,回归大学德育的本质,把握大学德育的合理定位和走向,实现大学德育的价值和追求。

---

① 顾明远:《中国教育的文化基础》,山西教育出版社 2004 年版,第 1 页。

二　有关概念的层析与界说

"对概念的入门性讨论尽管难免会显得抽象，并因而给人以远离现实之感，但却几乎是不能省略的。"① 因而，任何研究都应在澄清核心概念、框定研究对象和研究范围的前提之下展开，这不仅是前提，也为研究能够得以顺利推进和及时修正提供保障。

（一）大学德育及其相关概念层析

在大学德育概念群中，需要围绕大学德育这一核心概念，对道德、德育、学校德育、大学、大学德育作以层析式的渐次界定。道德是对大学德育内容性质的界定，德育是对大学德育所做的教育成分界定，学校教育是对大学德育所做的形式界定，大学是对大学德育所做的教育阶段和教育精神的界定，当教育内容、教育成分、教育形式、教育阶段和教育精神等问题都明确之后，大学德育概念所涉及的、方方面面的内容能够得以比较全面的交代，大学德育概念界定能够在一定程度上获得准确性保障。

1. 道德的界定

在中国古代，"道"与"德"两个字在原初是分开使用的范畴，二者既有各自确定的含义，也有较为紧密的关联。《说文解字》对"道"的释义是，"道，所行道也，从辵从首"，本义指供人行走的路。在古汉语里"道"专指大路不包括旁路和小径，引申为"大道""道理"。《说文解字》对"德"的释义是，"德，升也，从彳惪声"，其中"彳，小步也"，"惪，外得于人，内得于己也。

---

① ［德］马克斯·韦伯：《社会科学方法论》，杨富斌译，华夏出版社 1999 年版，第 34 页。

从直从心",古汉语中"德"通"得",这也意味着"德"字带有价值评判性。孔子在《论语·述而》中有言:"志于道,据于德。"其中"道"即"大道",指理想的人格或社会图景,而"德"则是指人的立身根据和行为准则。"德"是"道"的个体内化,"道之在我之谓德"。当"道"与"德"两个字合用,"道德"可以依字面理解为"依道之德"和"以德为道"。"依道之德"指遵循"道"而有所"德(得)",侧重于强调"德"是秉"道"而行的收获。"以德为道",是将"德"作为维持良好社会秩序的最高原则,侧重于强调"德"是"道"的依据和途径。在英语中,道德moral①一词源于拉丁文 mos(复数形式为 mores),本义指风俗、习惯、性格、品质。两相对照可以发现我国传统文化的道德概念和拉丁文中的 mos(mores),都充分体现了道德的社会性和个体性、抽象性与具体性、客观性和主观性的统一。

中外学界对道德的定义情况不一而足,当前我国学术研究中对道德的界定可以划分为广义和狭义两种。狭义的界定认为,道德是"以善恶评价为标准,依靠社会舆论、传统习惯和内心信念的力量来调整人们之间相互关系的行为原则和规范的总和。社会意识形态之一"②。广义的定义则认为,道德是"以善恶评价为形式,依靠社会舆论、传统习俗和内心信念用以调节人际关系的心理意识、原则规划、行为活动的总和"③。这就不仅体现抽象性、社会性的道德规范的认知视角,还增加了道德意识和道德实践的个体性、实践性

① 一译"morality";moral 与 morality 同源,但 moral 更中性,泛指与道德有关的规范、意识和行为。而 morality 侧重褒义,指符合美德的规范、意识和行为。故 moral 具有更广泛的用法和含义。考虑本研究的立场和取向,对道德采用 moral 的译法。

② 冯契、尹大贻、朱立元、朱贻庭等主编:《哲学大辞典》(上),上海辞书出版社 2007 年版,第 836 页。

③ 朱贻庭主编:《伦理学大辞典》,上海辞书出版社 2002 年版,第 15 页。

内容。本书中的道德取广义，是人类社会生活中所特有的，由经济关系决定的一种特殊的社会意识形态，"它通过社会舆论、传统习俗和人们的内心信念来维系，是对人们的行为进行善恶评价的心理意识、原则规范和行为活动的总和"①。也就是说，作为大学德育内容所指的道德，包括制度形态的道德规范、精神形态的道德意识和实践形态的道德行为，不仅采取个体道德视角，而且内含社会道德维度，更涉及道德的生成机制、约束机制和评价机制等广泛方面。

2. 教育的界定

即便百科全书中，对教育的界定仍然存在明显的不同。在《美国百科全书》中，教育的定义是"个人获得知识或见解的过程，就是个人的观点或技艺得到提高的过程"，这一定义的切入点是个人，体现了西方文化对个体的关注，而"个人获得知识或见解的过程""个人的观点或技艺得到提高的过程"在实质上是与人生活动的整体过程相重合的，只不过是对这一整体过程有依据的剥离；在《中国大百科全书》中，"凡是增进人们的知识和技能、影响人们的思想品德的活动，都是教育"②。这一定义不仅弱化了个体活动的主体性被关注程度，而且体现出双方教育"活动"中的主体不平衡关系，教育的功用色彩加重，因而更侧重人生中的某部分活动。在中国，也有"活到老学到老"的古谚，强调个体在"学习"活动中的主体性和终身性。但是，这与西方的"终身教育"理念存在质的不同。严格地讲，汉语的"教育"和英语的 education 并不是完全契合的对应语。汉语的"教"和"育"二字都带有明显的"前喻文化"特色，暗含着前辈、先代在晚辈、后代的知识、技能和思想品德增进过程中的主导地位和权威身份，因而也难免带有按既定标

---

① 本书编写组：《思想道德修养与法律基础》，高等教育出版社 2007 年版，第 76 页。

② 《中国大百科全书·教育卷》，中国大百科全书出版社 1985 年版，第 1 页。

准型塑人的目的性和功利性。

在我国古代文献中,"教""育"是两个独立而相关的字。"教"字在甲骨文中已经出现,其各部分含义如下:"爻"是指《易》卦的符号,代表教育内容;"子"是指孩童,代表教育对象。"攵"取长者执鞭之意,代表教育者、教育方法。"教"字已经包括了教育活动的基本要素。① 远古的"教"字已经具有今天所说的教养、教化的广泛含义。我国古代教育活动的外延很广,如"神道设教"的"教"系特指用卜筮、祭祀等宗教迷信等手段进行的教育,"耒耨之利,以教天下"则是指导百姓生产的教育。② "育"在本义上是"生育"的意思,后来引申为养育、抚育。"教""育"二字合用最早出现于《孟子·尽心上》中的"得天下英才而教育之,三乐也"句;《说文解字》第一次对教育的含义做了解释:"教,上所施,下所效也。育,养子使作善也"。这意味着教育者的身份可以是君、亲、师、长,而教育的对象不仅仅是儿童,而泛指臣、子、徒、幼。

在古希腊,表示"教育"的是 *Agoge* 和 *Paideia* 两个词,前者是约束、管教、指引,后者的意思是儿童运动或游戏。③ 在苏格拉底那里,教育不是灌输,而是点燃火焰;在柏拉图那里,教育非它,乃灵魂转向的技巧。他还用视力无法放进瞎子眼里的道理来说明教育不是把灵魂里原来没有的知识灌输到灵魂里去,强调"教育"是诱导、启发,是激发人自求知识、自求意义的过程,而不是灌输的行为。"注入"不是教育的目的,也是不可能实现的。苏格拉底和柏拉图的教育思想为西方古典人文教育确立了关注心灵的基本观念。近代西方的"教育"一词源于拉丁文 *Educare*,本 义 是

① 顾明远:《教育大辞典》,上海教育出版社 1998 年版,第 725 页。

② 吕绍纲主编:《周易辞典》,吉林大学出版社 1992 年版,第 46 页。

③ 滕大春:《外国教育通史》第 1 卷,山东教育出版社 1989 年版,第 174 页。

"引出""发挥"，意指引导儿童的固有能力完满发展。教育在德语中为 *Erziehung*，意为"借助外力而对对象实施影响，从而使其从一种状态或现象向着靠近实施影响者的方向，亦即向着实施影响者所期望的更好或更加正确的方向改革"①。英语的 education 和法语的 éducation 都源于拉丁语并延续了"引导、引出、唤醒"的词根义。

据统计，在近现代教育学专业语言中，关于"教育"这一概念的表述，"自英国思想家培根到联合国教科文组织的重要文献《学会生存》，在所能接触到的文献范围内，就有 65 种之多"②。夸美纽斯、卢梭、康德都强调教育的"成人"意义；裴斯泰洛齐、乌申斯基重视教育对象的和谐、全面发展；赫尔巴特认为道德是人类的最高目的；涂尔干强调教育的社会化功用；杜威、怀特海、蒙台梭利重视教育的生活视角……教育学在我国建立以来，学界对"教育"内涵的把握见仁见智：陶行知的理解是，"教育是教人发明工具，制造工具，运用工具。生活教育教人发明生活工具，制造生活工具，运用生活工具……只有发明工具，制造工具，运用工具是真教育，是真生活"③，并提出"生活即教育"；蔡元培曾说，"教育是帮助被教育的人，使他能发展自己的能力，完成他的人格，于人类文化上能尽一分子的责任；不是把被教育的人，造成一种特别器具，给抱有他种目的的人去应用的"④；梁漱溟认为，"所谓教育不但在智慧的启牖和知识的创造接受，尤在调顺本能使生活本身得其恰好"⑤。

中华人民共和国成立后，基本照搬了苏联的教育学体系。20

① 范捷平：《德国教育思想概论》，上海译文出版社 2003 年版，第 79 页。
② 陈桂生：《教育原理》，华东师范大学出版社 1999 年版，第 189 页。
③ 陶行知等：《生活教育文选》，四川教育出版社 1988 年版，第 43 页。
④ 高平叔编：《蔡元培教育文选》，人民教育出版社 1980 年版，第 145 页。
⑤ 《梁漱溟全集》（第 4 卷），山东人民出版社 1989 年版，第 658 页。

世纪八九十年代以来，国内教育学研究者纷纷转换研究范式，尤其从人文关怀和文化关注的视角对教育的定义有了新的思考：教育是"泛指一切增加人们知识、技能、身体健康以及形成或改变人们思想意识的活动"①；教育是"直面人的生命、通过人的生命、为了人的生命质量的提高而进行的社会活动，是以人为本的社会中最体现生命关怀的一种事业"②；教育是"传递社会生活经验并培养人的社会活动"③；教育"泛指一切有目的地增进人的知识和技能，发展人的智力和体力，影响人的思想品德的活动"④；教育是"培养人的一种社会活动，是传承社会文化、传递生产经验和社会生活经验的基本途径"⑤。这些定义体现出 20 世纪后期我国社会经济政治变动影响下的学术动向，学者们展现了文化视域下对教育活动的关注，充分体认到：教育的根本目的和全部任务是使人"成人"，在尊重人的先天规定性的前提下，最大可能地发挥教育对这一规约的超越性，尽量使每个个体成为最好的自己。但是，仅仅宽泛地对教育现象进行描述，并不能从本质上将教育与其社会实践区别开来，实际上也缩小了教育的内涵。

一般来说，学者普遍赞同教育的定义存在广义和狭义之分，而且经过广义与狭义的区别定义，对教育内涵和本质的把握更加明确和深入。狭义的教育即学校教育，这一界定已经得到普遍共识。对学校教育的具体界定方式主要有："由专职人员和专门机构承担的有目的、有系统、有组织的，以影响入学者的身心发展为直接目标

---

① 南京师范大学教育系编：《教育学》，人民教育出版社 1984 年版，第 1 页。
② 叶澜：《教育理论与学校实践》，高等教育出版社 2000 年版，第 136 页。
③ 顾明远：《教育大辞典》，上海教育出版社 1998 年版，第 725 页。
④ 郑金洲：《教育通论》，华东师范大学出版社 2000 年版，第 7 页。
⑤ 金林祥：《教育学概论》，华东师范大学出版社 2002 年版，第 1—2 页。

的社会活动"①；"社会通过学校对受教育者的身心所施加的一种有目的、有计划、有组织的影响，以使受教育者发生预期变化的过程"②；"教育者根据一定的社会要求，有目的、有计划、有组织地对受教育者的身心施加影响，期望他们发生某种变化的活动"③。这些对学校教育的定义往往强调教育机构（或教育者）的专门性、活动的计划性、目的性和社会性，而把"教育"看成是外在强制过程，忽视个体身心在教育中的重要性。

综观教育，《教育大辞典》对学校教育的定义兼顾了个体和社会双方面，既有对学校教育的客观描述也体现了我国国情特点："广义的教育，泛指影响人们知识、技能、身心健康、思想品德的形成和发展的各种活动，产生于人类社会初始阶段，存在于人类社会生活的各种活动过程中。狭义的教育，主要指学校教育，即根据一定的社会要求和受教育者的发展需要，有目的、有计划、有组织地对受教育者施加影响，以培养一定社会（或阶级）所需要的人的活动，是人类社会发展到一定阶段的产物。"④

3. 德育的界定

作为"道德教育"意义的"德育"一词在18世纪七八十年代已经酝酿形成，但首次明确提出这一概念的是英国学者斯宾塞，他在《教育论》（1860年）一书中，明确把教育划分为"智育"（intellectual education）、"德育"（moral education）和"体育"（physical education），"德育"正式成为教育领域的基本范畴。"德育"一词作为舶来用语，在我国出现并影响教育思想与实践发生在19世纪与20世纪之交的清末。维新运动前后，严复就以斯宾塞的"三

---

① 叶澜：《教育概论》，人民教育出版社1991年版，第8—9页。
② 南京师范大学教育系编：《教育学》，人民教育出版社1984年版，第1页。
③ 袁振国：《当代教育学》，北教育科学出版社1999年版，第2页。
④ 顾明远：《教育大辞典》，上海教育出版社1998年版，第725页。

育说"为依据，阐释他的"鼓民力""开民智""新民德"的"三民"教育思想。① 此后，"德育"一词悄然出现。1906 年，王国维在专门论及教育宗旨时，明确地将德育与智育、体育、美育相并列，作为培养"完全之人物"的"完全之教育"的组成部分。梁启超更是关注教育，并在 1910 年出版《德育鉴》一书。② 1912 年，国民政府颁布的教育宗旨指出，"注重道德教育，以实利主义教育、国民教育辅之，更以美感教育完成其道德"③。这一宗旨的提出标志着"德育"概念开始成为我国教育界的通用名词。从"德育"在近代中国的建立与发展来看，最初也仅仅有道德教育的意思。1928 年唐钺编著的《教育大辞书》明确指出："德育为教育之一方面，以儿童之道德心之陶冶为目的"，"是德性之熏陶"④。同年，王克仁、余家菊编写的《中国教育辞书》中也提到："道德教育，训练道德品格之教育也，一称德育。"⑤ 新中国成立以来，"德育"概念受到我国道德和政治不分家这一传统思想的影响，把社会上的各种意识都归纳到"道德"中，更是给德育打下了明显的政治烙印。

当前，关于德育的界定问题，中外理论界在基本表述上的分歧比较明显。国外学者一般认同单元素说，即认为德育就是道德教育。"西方国家由于经历过意识形态和科学研究的分化过程，能把道德与政治、法律、宗教分开，因而也能把道德教育与人生观教育、政治教育相对区分。英文的'Moral Education'在具体研究中

---

①　崔运武：《严复教育思想研究》，辽宁教育出版社 1993 年版，第 74—82 页。

②　梁启超：《德育鉴》，上海古籍出版社 2017 年版，第 1 页。

③　刘青：《德育概念综述》，《知识经济》2011 年第 8 期。

④　唐钺、朱经农、高觉敷编：《教育大辞书》，台湾商务印书馆 1974 年版，第 1462 页。

⑤　王克仁、余家菊：《中国教育辞书》，上海中华书局 1928 年版，第 837 页。

所论述的内容也会涉及伦理、宗教、政治、思想、劳动、法纪、民主人权、时事政策、和平、国际理解与协调、现代人生活方式教育诸多方面"①，需要指出的是，西方德育概念与我国德育概念虽然涉及的内容广度大体相当，但以意识形态为核心的政治教育在二者中的地位和比重显著不同。我国也有一些学者持此派观点：在班华看来，"德育即育德，也就是有意识地实现社会思想道德的个体内化，或者说有目的地促进个体思想品德社会化"②。钟启泉、黄志诚也在著作中表示，"培育人的德性的教育，亦即通过培养道德情感、道德判断力、道德实践动机与态度，提高道德实践的能力与素质的教育，谓之德育"③。

我国学者一般持多元素说，这与教育主管部门口径的影响以及我国德育传统与政治关系相对紧密的特殊实际有关。许多人并不赞成一元素说的德育命题，认为"应当包括法制教育、心理教育、性教育、青春期教育、环境教育、预防艾滋病教育等等"④，德育被视为包打天下的范畴。德育概念外延表述所包含的元素项是不固定的，随党中央、政府以及教育主管部门相关文件的表述情况而变动。外延式概念导致的结果是，"虽然找到了一个比较明确的概念，却引来更多的困惑。比如，政治教育、思想教育、道德教育、心理教育之间是何关系？爱国主义、社会主义、集体主义教育与政治、思想、道德、心理教育是如何对应的？实践中的具体工作哪些属于政治方面的，哪些属于思想方面的，哪些属于道德、心理

---

①　袁力：《中外高校道德教育的比较研究》，硕士学位论文，山东师范大学，2009 年。

②　班华主编：《现代德育论》，安徽人民出版社 2001 年版，第 9 页。

③　钟启泉、黄志诚：《西方德育理论》，陕西人民教育出版社 1998 年版，第 1页。

④　成有信主编：《教育学原理》，广东高等教育出版社 1999 年版，第 202 页。

方面的？"① 理论界对此缺乏必要的关注和解释，即使有学者作出一些探索性分析和解释，但大多因没有充分展开论述而缺乏理论力度。例如，胡厚福就曾在其所著的《德育学原理》一书中指出："一般来说，道德教育处于基础性层次上；法纪教育处于较高的基础性层次上；政治教育处于高层次上；而科学世界观教育则处于最高层次上。"② 这里作者对多元素说所包含的一些相关项之间的关系作了分层梳理，指出其在德育体系中的不同层次。可见，道德教育、思想教育、政治教育、法制教育等在德育体系内的地位和重要性是有分别的，而多元素说对"德育"的外延式概念界定无法充分体现和区分这些差别；又如班华主编的《现代德育论》一书，提出作为德育内容的道德教育、思想教育、政治教育是有区别的，但是当前学术界对三者特殊性的认识和研究还不够充分，并在此基础上尝试对上述三个概念分别做出界定，称"道德教育指道德品质的培养；思想教育指世界观、人生观方面的教育；政治教育主要是政治思想、政治立场、政治态度方面的教育"③。显然这一界定从学术发展的角度是有益的，但这一界定本身也因其简洁性而带来学术严谨方面的缺失，未能科学揭示道德教育、思想教育和政治教育各自的科学内涵。

　　在德育概念的问题上，定义的方法和切入点不同，认识情况就有所差异。对德育含义解释的不同，实际上反映出定义主体对于德育范畴理解在角度和价值取向上的不同。我国学者对德育概念的内涵的揭示一直处在不断商榷中，虽然逐渐达成了一定程度的共识，但德育的定义仍然是发展中的、未确定的。即使同样是站在多元素

① 曹世敏：《学校德育边界论及其实践意义》，《教育理论与实践》2001 年第 12 期。

② 胡厚福：《德育学原理》，北京师范大学出版社 1997 年版，第 109—110 页。

③ 班华主编：《现代德育论》，安徽人民出版社 2001 年版，第 10 页。

说的立场上，所做出的具体界定仍然不一而终：从马克思主义的阶级立场给出的定义是："一定的阶级或集团，为实现一定的政治目标，有目的地对人们施加意识形态的影响，以期转变人们的思想，进而指导人们的社会行为，所进行的教育。"① 伦理学视角给出的定义是："对人民群众的思想意识、政治观点和道德品质施加影响的教育活动。"② 教育部组织编写的"面向 21 世纪课程教材"之《思想政治教育学原理》，既体现与执政党和政府在政治性上的一致，同时具有代表学术界先进水平的性质，该教材对德育做了以下界定，"对学生的思想政治教育，通常称之为'德育'，指社会或社会群体用一定的思想观念、政治观念、道德规范，对其成员施加有目的、有计划、有组织的影响，使他们形成符合一定社会所要求的思想品德的社会实践活动"③。这一界定在德育理论和实践中都具有广泛的引导力和深远的影响力，之后的学术研究和实践工作多参照了此定义。本书的文献综述部分涉及的其他学者的研究成果情况，即反映出这一界定影响的广泛程度。此界定以降迄今为止的研究成果中大量地存在着德育与思想政治教育在认识上的等同和在学术实践中的混用。

在基本立场上，本书比较倾向于"守一而望多"的思路和提法，"守一"是指"严格意义上，德育只能指向道德教育"④，从最基本的道德品质培养做起；"望多"即不排除德育还应包括思想教育、政治教育等基本内涵。德育的核心或基础应该是道德教育，但

---

① 廖盖隆、孙连成、陈有进等编：《马克思主义百科要览·下卷》，人民日报出版社 1993 年版，第 2541—2542 页。

② 朱贻庭主编：《伦理学大辞典》，上海辞书出版社 2002 年版，第 40 页。

③ 邱伟光、张耀灿主编：《思想政治教育学原理》，高等教育出版社 2006 年版，第 4 页。

④ 檀传宝：《学校道德教育原理》，教育科学出版社 2003 年版，第 4 页。

不排除思想、政治教育与道德教育的千丝万缕的联系,不排斥政治思想教育。在基本立场上,本书中的德育概念侧重于道德教育的意涵。"德育作为社会化的重要组成部分并不是只有一个维度。事实上,道德教育也的确是思想政治教育的基础。一个在基本的道德品质上不合格的人,思想、政治上亦难有健康的追求,很难经得起人生的考验,更难担当政治上的大任。人类个体的一生不可以没有正确的世界观和思想方法;作为'政治动物',人也不可以没有正确的政治观念。所以,从内容上看,德育主要是指道德、思想和政治方面的教育。法制教育可从属于广义的政治教育。心理教育、性教育、青春期教育等等就只能部分地从属于德育,即只有这些教育领域中涉及价值教育的部分才归属于德育范畴。"①

4. 大学的界定

澄清了对"道德""德育"概念的基本立场和特定取向之后,在进一步界定"大学德育"概念的问题上仍然涉及一个前提,那就是对大学作为学校教育阶段的定位。大学德育属于学校德育的具体形式之一,这里有必要探讨学术领域对于学校德育的限定因素——学校教育的认识。学校教育是社会教育(包括家庭德育)的对应范畴,已有相关研究成果对"学校教育"的论说要点主要集中在阶段性、计划性、专门性、场所固定性、师生传习性等特点,指明学校教育是以影响学生身心发展为直接目标,由专业人员在专门机构进行的目的明确、组织严密、系统完善、计划性强的社会实践活动;本书中的学校德育指学校教育中的德育成分,存在与其他教育成分——特别是智育和美育的交叉与重叠,不限于师生主体的课堂教学活动,但采取"小德育"视角,不包含家庭、社会中零散的局部的德育结合与德育渗透,不广延至服务育人、管理育人等学校一般

---

①　成有信主编:《教育学原理》,广东高等教育出版社 1999 年版,第 202 页。

社会性功能中所蕴含的隐性育人活动。

在本书的具体语境中，"大学"概念在外延上，是指在现代学校教育中的大学阶段，相对于小学阶段和中学阶段而言。考虑到学术研究的严谨性要求，本书尊重大学阶段内存在学制和培养方式的分别、各层次高校的育人目标和主要任务的不同、不同培养方式高校职责和功能的分工等客观现实，而力图避免对特殊性的遗漏和对复杂性的不周，仅以我国普通全日制本科大学教育形态为言说对象，并不包括高等专科学校、民办高校、高职院校和大学中的高等成人教育、继续教育。在内涵上，指高等教育学校作为社会文化组织的身份和属性。作为非生产性和非营利性文化组织机构，大学因其特殊身份而对人类和国家、民族的文化传承与创新负有特殊重大的责任，对大学育人的审视与考察无法与大学的这一特殊身份相割裂。

5. 大学德育的界定

本书对大学德育概念的界定建立在上述对道德、德育和大学等概念界定的基础上，不仅内含个体道德视角，而且包含社会道德维度，并涉及道德的生成机制、约束机制和评价机制等广泛方面。具体地说，本书中的大学德育指高等教育机构根据一定的社会要求和大学生的主体发展需要，有目的、有计划、有组织地对在校青年学生施加影响，使之认同和遵守一定的社会道德规范，并形成相应的道德意识、道德行为的活动。在核心内涵上，大学德育指高等教育机构对学生的道德品质培养，同时不排除思想教育、政治教育等项基本内涵。这符合道德存在的客观实际，也符合我国大学德育的具体现实。

（二）教化与文化概念的界说

"教化"在我国先秦时期被儒家用以指称教育对象所接受的教

育，到了现代，与之词义相近的"教育"一词更为常用。

　　1."教化"词源及其在我国古代的思想缘起

　　"教化"二字在我国古代单独使用的。"化"，在《说文》中释为"教行也"①，即现代表达中的教化施行之义。清代段玉裁的《说文解字注》将"化"注解为："教行也。教行于上，则化成于下。贾生曰，此五学者既成于上。上匕之而下从匕谓之化。"②《现代汉语词典》对"化"作了"感化"之解。可见，"化"在古代是通过自上而下的秩序，利用感化的手段，实现"礼教养成，化民成俗"的建国君民的目的，说明"化"关于"感化"的引申义与其"化成"的本义有千丝万缕的联系。"教""化"连用，始见于《荀子·王制》："论礼乐，正身行，广教化，美风俗，兼覆而调一之，辟公之事也"③，荀子关于治国理政的教化思想直接或间接在政教、礼乐、德义、风俗方面有所体现。西汉《诗·周南·关雎序》有句："美教化，移风俗。"④ 桓宽《盐铁论·授时》："是以王者设庠序，明教化，以防道其民，及政教之洽，性仁而喻善。"⑤ 明代冯梦龙在《东周列国志》中有言："虽说中兴，也得不到成康时教化大行。"⑥ 教化在古代是一种与政治紧密联系、为政治服务的治国理政策略和手段。到了现代，"教化"一词的含义也无明显的变化，学者基本倾向于取其"政教分化，教育感化"之意。

　　在西方，拉丁文的教化（*paideia*）本义就是含有惩戒、矫正之意的对孩童的教育、抚育，二者在含义上都与我国古代传统"教

---

① 许慎:《说文解字》，上海古籍出版社2007年版，第399页。
② 段玉裁:《说文解字注》，上海古籍出版社1981年版，第384页。
③ 《荀子》，中华书局2007年版，第95页。
④ 程俊英译注:《诗经》（上），上海古籍出版社2006年版，第13页。
⑤ 桓宽:《盐铁论》，中华书局2015年版，第356页。
⑥ 冯梦龙:《东周列国志》，三秦出版社2007年版，第1页。

化"相通；欧洲中世纪语境中的"教化"也与培养塑造符合特定道德人格相关，如威廉·冯·洪堡认为："教化是一种由知识以及整个精神和道德所追求的情感而来的，并和谐地贯彻到感觉和个性之中的情操，它是对人的德性、品格和情操进行养成、培育和塑造。"① 现当代，西方教化思想仍然绵延传播，汉斯·格奥尔格·伽达默尔认为，人按其本性就不是他应当是的东西，因而需要教化。

"教化"之"化"强调在培育人的过程中突出其手段的隐性，以达到潜移默化的效果，而"教化"的政治指向性较为明显，与上层建筑紧密相连。从我国传统道德教育的角度来看，教化是综合运用教育、感化等显性隐性手段有目的、有计划地引导教育对象在思想观念、政治观点、道德规范方面与社会要求相符合，在知行相统一的基础上促进全面发展的一种实践活动。"教化"是教育者向教育对象传递知识，使其成为教育对象意识体系的有机组成部分，尔后依照这种意识作出行为，亦即"社会要我这样做，我要这样做，我正在（已经）这样做"。在"教化"中，"教"的有为性明显而权威，对在教育对象一端将发生的内化和外化有明确的预期和标准。

我国古代儒家将教化作为道德教育的主要方式，经历了一个社会发展的历史过程。"教""化"二字合用为"教化"一词始于春秋战国时期，但教化思想却发源于奴隶制时代，且都与当时的政治思想、教育思想、哲学思想、文化思想紧密联系，并渗透于其中。周公将箕子所做的教化理论构想上升为治国理政的手段，构建了以礼乐为教化内涵的、服务于政治的教化理论框架。作为教化思想的集大成者，孔子传承了礼乐教化思想并影响我国社会两千多年。教化思想经由孔子、孟子、荀子等大家的发展，逐渐形成教化思想的

---

① 龚群：《生命与实践理性》，中国社会科学出版社 2004 年版，第 46—47 页。

理论形态,从社会生活形态上升为学术形态。春秋战国时期,儒家教化思想因派别分化而呈现出多元特征。

秦汉时期是教化思想理论的实践探索期。儒家教化理论遭到秦朝统治集团的扼杀,在汉初也不再受到重视。但因西汉中期的统治之需,汉武帝接受了董仲舒"罢黜百家,独尊儒术"的建议,儒学得以取代黄老之学成为官学,确立了统治地位。也正是在这一时期,儒家教化思想开始呈现出追求一元独尊的教育权威和政治功利性的价值。董仲舒是对教化思想进行权威化、政治功利性探索实践的代表人物,他将先秦具有学术宽泛性的儒家教化理论推向具有鲜明专断性的教化理论,并对孔子、孟子、荀子等人的教化思想作了结合政治的实践化探索,确立了儒家正统地位。

到宋明时期,儒家教化思想理论得以深化,集中出现了"二程"、朱熹、王阳明等一批有影响的代表人物。从北宋开始,儒家教化思想转而注重教化思想在哲学层面上的理论探讨,并强调人的伦理本位,达到教化思想发展史上的最高峰,同时也标志着包括教化思想在内的儒学理念体系开始下坡的拐点。

明末和清代是儒家教化思想的新的探索期,当时一些受西方思想影响的有识之士黄宗羲、黄遵宪等人,向传统儒家教化思想提出质疑、进行批判,呼唤尊重人性的教育。他们努力推动我国教化思想从压抑人性向解放人性的转化,对旧的教化思想进行了批判,但实际作为很少,具有那个时代一切维新改良运动的共性。

从教化思想发展的历史脉络来看,从萌芽到发展和变革的每一个阶段都带有时代风格,呈现出"周的简明,春秋战国的开朗,秦的威严,汉的庄重,魏晋隋唐的旷达,宋的精细,明清的灰重"①。虽然造成教化思想不同风格的原因有很多,但主要集中在社会制度

---

① 张世欣:《中国古代思想道德教育史》,浙江大学出版社 2010 年版,第 9 页。

性质、政权更迭等方面，均与巩固政权的统治密不可分。社会发展和人的主体性逐渐觉醒的现实情况向"教化"提出了由社会本位向权力本位，进而向人本位的转变的客观要求。可见，这是时代发展的需要，也是儒家思想文化追求人性解放的一大进步。

2."文化"的界说

"文化"这一概念最早由英国学者泰勒在1871年出版的《原始文化》一书中提出，随后文化研究滥觞于人文社会科学的研究领域，文化概念的界说问题则一直伴随围绕文化的学术研究的发展而不断丰富和完善。据美国学者克鲁伯和克拉克洪1952年的统计，泰勒文化定义之后80年间仅世界知名学者对文化所做的定义已达164种；法国社会心理学家A.莫尔新的统计资料表明，20世纪70年代以前载于全世界各种文献中的文化定义已达250种以上；更有甚者称，出现过的文化定义已达1万种以上。[①] 到目前为止，关于文化的定义在数量上已经足够多，却无定论，正如蓝德曼曾经指出过的那样，"文化创造比我们迄今为止所相信的有更加广阔和更加深刻的内涵"[②]。我们从文化一词的中西语义着手，开始关于文化概念界说的学术梳理以及本书在文化概念上的界定。

（1）文化的中西语义

在中国，从词源来看"文""化"原本是两个独立的范畴。"文"的本义是花纹、纹理，转义为文字、文章、文采，又指礼乐制度、法律条文等。"化"的本义是变、改，引申为转移人心风俗，用作教化、教行之义。中国最早的文化概念出现在《易·象传》中："刚柔交错，天文也；文明以止，人文也。观乎天文，以察时

---

① 胡潇：《文化现象学》，湖南出版社1991年版，第1页。

② ［德］蓝德曼：《哲学人类学》，彭富春译，工人出版社1988年版，第260—261页。

变，观乎人文，以化成天下。"① 对此，张岱年认为：日月往来交错文饰于天而形成的天道自然规律，即"天文"，社会生活中人与人之间纵横交织的复杂关系网络具有纹理表象而形成人伦社会规律，即"人文"。人要以"文"去"化"天下，使天下达到一个理想的境界。而"化"是变化的意思，引申为改造和教化之义，如《周礼·大宗伯》中有"以礼乐合天地之化"，是教人们通过合适的方式和初级艺术活动去改造自然环境和人自身以顺应自然界。较早将两字并用的汉代刘向在《说苑·指武》中有"凡武之兴不为服也；文化不改，然后加诛"②，将文化作为与武功相对的政治手段和理念提出，"文化"着重强调对人民思想上的整合，有典型的教化含义。南齐王融在《曲水诗序》中有"设神理以景俗，敷文化以柔远"③，也反映了文化对道德政治伦理和秩序的教化功能。

在西方，"文化"一词来源于拉丁文 *cultura*，原义是指农作物的种植和动物的饲养，与农业有关。自 15 世纪以后，随着农业生产的发展和农业生产力的提高，人类开始在富余时间里从事非物质生产活动，如管理、研究和艺术活动，文化概念产生了精神方面的新含义，逐渐引申为对人的心智的培养与个体能力的发展之义。至此，文化具有了改造外部客观自然和人的内部自然的双重意义。后来文化一词发生转意，侧重于人自身的教化和提高，延伸为"心灵的培育"。由此可知，古代西方对文化的"心灵培育"的理解与中国古代"以文化成"中"文化"的含义已经在很大程度上达成共识，都是从客观世界的事物出发继而联系到无形的意识形态领域。中国的"文化"和西方的 *cultura*，都不约而同地指向了人的主体性

① 曹增儒：《易经易解》，复旦大学出版社 2005 年版，第 42 页。
② 刘进田：《文化哲学导论》，法律出版社 1999 年版，第 25 页。
③ 上海辞书出版社组编：《辞海》，上海辞书出版社 1990 年版，第 235 页。

存在，"以文化成"直指人类的道德品质领域，*cultura* 的含义也演变为人的精神修养层面。两者之间根本的一致性就在于包含了对文化的属人性判断。这意味着文化一出现就是作为人的类本质的，并且体现着人的主体活动的文化意蕴。

（2）文化界说的依据

文化很难像经济、政治，或像科技、自然领域等那样被具象化，也就很难在与以上现象、活动或领域的并列关系中得以揭示。它是具有内在于人的一切活动之中并无所不在地影响人、制约人、左右人的深层的机理性的东西。因此，文化是无所不在的，但又难以直接把握。作为诸多人文社会学科广泛研究的对象，文化的内蕴十分丰富。从以文化为研究对象的具体学科来看，文化研究成绩最多、贡献最大的要数人类学与社会学，其次是历史学，此外考古学、文学、地理学等也有相当的贡献。①以文化为研究对象并对文化做整体性、理论性把握的学科主要有文化人类学和文化哲学。

其一，文化人类学两种传统中的文化观念。

文化人类学领域存在两种不同的研究传统和学术精神，这两种传统和精神体现出地域相关性，具体地说，文化人类学内部可以分为英法美传统和德国传统两种相对的对文化的理解。英、法、美学者把文化研究对象看作各种文化要素或事实，非常重视实地考察和田野调查等实证的、经验的文化研究方法，强调对文化事实和文化现象进行充分的客观研究。德国学者对物态化的文化不感兴趣，而对具有流动性的文化的精神领域感兴趣，强调价值观念在文化中的地位和作用，强调对文化流动性和能动性的把握以及对文化内在主体性的关注和捕捉。德育传统的文化观，实际上具有了文化哲学的

---

① 陈序经：《文化学概观》，中国人民大学出版社 2005 年版，第 65、94 页。

取向特征。

其二,文化哲学的文化概念界说。

文化哲学有三方面来源,"向现代化迈进的世界历史运动"是它产生的终极根源,"世界各民族在向现代化迈进的历史运动中的社会心理或文化心态"以及"民族学、人类学、社会学的兴起和发展"构成它的两个直接来源。① 文化哲学的广义内涵包括两层含义:"文化哲学是一种思维方式,存在于当代历史学、人类学、考古学、社会学、科学史、政治思想、经济思想等各个学科的研究之中,也表现于对宗教、艺术、语言、神话、科学等各种文化形式的研究之中,使这些文化形式的研究建立在一个新的思维基础之上;文化哲学是一种与理性主义哲学相对的思维传统,存在于全部哲学史的发展中。文化哲学的狭义内涵是指对文化的形上意义及思维方式进行专门研究。"②

文化哲学研究领域也没有达成一致的文化界说,我国从事文化哲学研究的学者从不同角度对文化概念做了多种界定。刘进田从文化哲学视界对文化范畴的界说,应当同时注意文化的整体性、主体性、一般性(共性)原则,进而认为,"所谓文化,是指存在和隐于人能动地改造世界和实现自我的对象性活动及其方式和结果中的普遍而恒定的集体意向"③。衣俊卿在分析指出胡适与梁漱溟的文化定义与克拉克洪的文化定义具有一致性的基础上,进一步指出文化是人的存在模式,主张"文化大体上属于人类超越自然的创造物,是历史地积淀的类本质对象化,主要指文明成果中那些历经社会变迁和历史沉浮而难以泯灭的、稳定的、深层的、无形的东西。具体

---

① 许苏民:《文化哲学》,上海人民出版社1990年版,第1—8页。

② 何萍:《马克思主义哲学与文化哲学》,武汉大学出版社2002年版,第18—19页。

③ 刘进田:《文化哲学导论》,法律出版社1999年版,第46—49页。

说来，文化是历史地凝结成的稳定的生存方式，其核心是人自觉不自觉地建构起来的人之形象"①。杨善民强调，对文化内涵的科学探讨必须以建立在文化与文明关系的研究的基础上。"文明是人类的一切创造物。文化是人类创造物的特征、风格和样式。文明着重指人类创造物自身，自身所达到的水平、程度及其功用，它是客观的、技术的、非人格的，活动的主体是人，面对的客体则是物。整个文明体系以技术为核心，对其评价较少受价值观念的干扰。文化注重人类创造物的形式方面，它是抽象的、价值的、人格的、主观的，整个体系受价值系统的支持和引导，其评价常因不同的价值理念的影响而见异。因此，文化本身就意味着差别。作为人类文化，它区别于动物界；作为民族文化，它区别于其他族群。"② 这种对文化的定义，虽然从文化的具体结构和具体形态出发，但仍然包含了对文化与人的关系的内在性、主体性、主观性的认识。霍桂桓主张，界定文化必须考虑到"文化"现象的全面性和"文化"精神旨趣的一致性，"文化就是处于一定的自然环境、历史传统和社会氛围之中的人类群体，在一定的社会生产实践及其成就的基础上，以各种形式表现出来的、对于自由的精神生活的追求和享受；这样的追求和享受通过直接间接地塑造和影响他们的社会实践，对他们的社会稳定和发展产生各种影响"③。还有观点认为："文化的根本特质是'生活'，是具有生命的人类共同的活生生的现实存在，文化状况实际上就是我们的生命状况。人类的生命过程是文化生命活力与文化制度建构的'共在'过程，由于人类文化的这种双元模式，文化'存在'不是凝固的模

---

①　衣俊卿：《文化哲学十五讲》，北京大学出版社 2004 年版，第 18—19 页。

②　杨善民、韩峰：《文化哲学》，山东大学出版社 2004 年版，第 9—10 页。

③　霍桂桓：《全球化背景下的文化哲学研究初探（上）》，《哲学动态》2002 年第 4 期。

式,而是一个充满活动能力、情感赋向和思想活力的永不休止的动态过程。"①

结合本书具体情况,将文化哲学的广义内涵作为研究的宏观背景,即立足于现代人文主义传统,立足于人文主义的思维方式来理解文化。文化哲学视野下对文化概念的界定具体表述不同,但基本都贯穿了从人与文化的关系、文化的精神性和历史性入手界定文化的主线。综观文化哲学视野对文化的定义,以及没有给出具体文化定义的文化哲学研究中的内在理路,可以发现文化哲学主要是从整体性、主体性、价值性方面开展对文化的研究,并且始终围绕文化与人、与历史的关系。本书从大学德育属性的整全性与价值性切入,对大学德育作为学科属性来把握,而不是对大学德育工作中与文化相关联的现象或形态的实证取向的研究;并且从全书主旨来看,意在澄明教育特别是德育中基于人的主体性存在基础上的文化归属和文化特质。因此,文化人类学中的德国人文主义传统以及文化哲学对文化的整体性把握都与本书的基本取向具有一致性和参考借鉴价值。

本书对文化的界定更倾向于取狭义内涵,在具体针对德育内容而言时专注于自觉文化和精神创造活动及其结果,同时不排除对人类总体创造活动的历史视角和哲学考量。具体地说,本书中的文化指从人类历史的哲学、艺术、宗教、语言和逻辑、自然科学,以及其他人文、社会科学的知识,以及人们的思想意识、思维方式、行为方式、生活方式、风俗习惯,以及教育、文化制度和社会组织形式中抽象出来的精神成分及其过程,是非精神成分在历史发展中的精神性、意识性。

---

① 李重、张再林:《当今文化哲学研究的问题与出路》,《光明日报》2007年6月26日。

3. 大学德育的文化属性界定

在大学德育概念及文化概念界定的基础上，本文对的大学德育文化属性的界定如下：大学德育的文化属性指大学德育对文化的归属及其所具有的与文化相一致的特质，以及在具体文化形态中体现民族文化传统和回应时代文化主题的客观性质。

三　已有研究述评

20 世纪八九十年代的两次社会思潮之后，学界再次兴起文化研究潮流，并很快蔚然成风。德育的文化维度逐渐进入我国学者的研究视野，德育研究也随之出现了文化研究的范式转变和人文关怀的价值转向，21 世纪以来，德育的文化研究成果大量涌现。

（一）文化视角的德育研究

1. 著作成果情况

在已有学术成果中，著作情况大体如下：王仕民所著《德育文化论》①、郭凤志所著《德育文化论》② 和黄书光所著《变革与创新：中国中小学德育演进的文化审视》③，都是从文化的视角对德育做出的解读；石书臣所著《主导论：多元文化背景下的高校德育主导性研究》④ 在文化多元化的现实背景下，阐释坚持我国高校德育主导性的正确方向及其正确的导向作用，鲁芳所著《培育道德精

---

① 王仕民：《德育文化论》，中山大学出版社 2007 年版。

② 郭凤志：《德育文化论》，中国社会科学出版社 2008 年版。

③ 黄书光：《变革与创新：中国中小学德育演进的文化审视》，山东教育出版社 2007 年版。

④ 石书臣：《主导论：多元文化背景下的高校德育主导性研究》，人民出版社 2011 年版。

神:大学德育之思》① 中部分章节内容涉及文化环境与道德影响力;
袁本新、王丽蓉所著《人本德育论:大学生思想政治教育的人文关
怀与人才资源开发研究》② 有部分篇幅论述了文化多元化发展背景
下的人本德育需要;唐汉卫等著《全球化、文化变革与学校道德教
育的文化使命》③ 结合全球化和文化变革的国际环境探讨了德育的
文化使命;李菲所著《学校德育的意义关怀研究》④ 对学校德育的
意义采取了文化哲学的观照角度;张澍军所著《德育哲学引论》⑤
中部分章节内容是对德育本体文化哲学视角的解读;李萍、林滨所
著《比较德育》⑥ 在第一章"比较德育研究的基本问题"中专门探
讨了德育与文化的关系,并且全书各章暗含文化线索,在发现各国
(地区)德育与文化、经济、政治的内在关系基础上探寻德育形成
与发展的规律;许敏所著《道德教育的人文本性》⑦,部分内容涉
及文化与道德的关系以及道德教育的文化意义;戚万学所著《道德
教育的文化使命》⑧,通过解读道德教育的文化性格,分析文化类
型、文化嬗变与德育形态及其演进之间的关系,指出当前中国道德
教育的文化困惑与文化选择。

　　在从文化维度解读德育的已有著作成果中,大多数著作对德育
做了一般性的文化视野研究,还有一些著作或是以文化为环境依托
作为德育研究的言说背景,或是通过理顺文化与德育的关系作为后

---

① 鲁芳:《培育道德精神:大学德育之思》,湖南大学出版社 2009 年版。

② 袁本新、王丽蓉:《人本德育论:大学生思想政治教育的人文关怀与人才资
源开发研究》,人民出版社 2008 年版。

③ 唐汉卫、王夫艳:《全球化、文化变革与学校道德教育的文化使命》,山东人
民出版社 2011 年版。

④ 李菲:《学校德育的意义关怀研究》,教育科学出版社 2009 年版。

⑤ 张澍军:《德育哲学引论》,教育科学出版社 2008 年版。

⑥ 李萍、林滨:《比较德育》,中国人民大学出版社 2009 年版。

⑦ 许敏:《道德教育的人文本性》,中国社会科学出版社 2008 年版。

⑧ 戚万学:《道德教育的文化使命》,教育科学出版社 2010 年版。

续德育研究的铺垫，另外一些著作只在部分章节内容中涉及文化视角的德育研究。总体看来，对德育的文化观照是为数众多的学者在进行德育研究过程中所共有的眼界和胸怀，大量学术著作反映出作者们对德育研究进行了一定程度的文化思考；但总的来说，从文化维度对德育进行的研究普遍停留于一般文化视野、在一般意义上探讨文化与德育（包括德育相关要素）的关联，对德育中所包含和牵涉的文化的外在工具性层面和内在价值性层面不加区分，常常以德育的文化功能、文化环境、文化载体以及德育目标、内容等方面与文化的联系作为德育文化性的论证依据进行解读或作为进一步开展研究的论证前提。

2. 论文成果情况

通过在"中国期刊全文数据库"的检索发现，在大学德育领域以文化为视角和切入点的研究中，实务与实践层面的文章在数量上占据绝对优势。换言之，这些文化视角下对大学德育的研究大部分实际上是对大学德育实践的研究。与本书研究取向相一致或直接对本书具有指导和借鉴意义的研究成果数量较少，以大学德育为整体、与本书取向相关，从文化维度将大学德育作为研究主题或研究分主题的论文 17 篇，主要集中在文化视野的总体大学德育研究和大学德育系统的文化解读。

（1）指明大学德育的文化归属和文化本质

彭未名认为"德育是文化活动"[①]；金雁认为"德育是一种文化，或者说文化本身包含了德育"，"大学德育作为文化范畴中的一个子系统"[②]；高艳青认为"思想政治教育是一种文化

---

①　彭未名：《大学德育：在文化动力中生成》，《高教探索》2005 年第 5 期。

②　金雁：《文化视域中的大学德育——对改革开放以来大学德育的一种反思》，《江汉论坛》2010 年第 10 期。

现象"①；王焕芝认为"道德教育的本质是文化或文化的一种，道德教育是文化的独特成分"②；王淑文认为："文化与思想政治教育具有深切的内在关联，思想政治教育具有自身独特的文化属性，文化意蕴着思想政治教育。"③ 郑忠梅认为大学德育具有"文化特质"，并进一步指出"大学德育实质上是以价值批判和意义阐释为目的的价值活动或文化活动，具有深厚的文化底蕴和鲜明的文化品质"④；高艳青认为，思想政治教育是"有意识的文化活动"，"必然具有一定的文化本性"，"思想政治教育要充分体现文化性、提升文化品质、彰显文化特质"⑤。王淑文认为："思想政治教育具有本然性的文化品质和自身独特的文化属性。"⑥

（2）主张引入文化哲学的研究范式

沈道海提出："从文化哲学的高度来反思具有文化特质的思想政治教育现象，在理解文化与人、文化与思想政治教育的关系上重建自己的方法论，意味着在思想政治教育研究中引入一个文化的立场、观点和方法，意味着对思想政治教育的文化阐释"⑦；郑忠梅指出"我们需要借鉴文化哲学的研究方法"，在大学德育研究中引入

---

① 高艳青：《反思与重构："文化型"高校思想政治教育论析》，《石家庄经济管理学院学报》2010 年第 4 期。

② 王焕芝：《文化哲学视野下的高校德育模式建构——高校德育元研究》，《哈尔滨学院学报》2008 年第 5 期。

③ 王淑文：《基于文化情境的大学生思想政治教育探析》，《思想政治教育研究》2008 年第 6 期。

④ 郑忠梅：《大学德育研究的文化取向》，《高等教育研究》2009 年第 12 期。

⑤ 高艳青：《反思与重构："文化型"高校思想政治教育论析》，《石家庄经济管理学院学报》2010 年第 4 期。

⑥ 王淑文：《基于文化情境的大学生思想政治教育探析》，《思想政治教育研究》2008 年第 6 期。

⑦ 沈道海：《论高校思想政治教育的文化取向》，《煤炭高等教育》2009 年第 4 期。

"文化哲学从社会、文化、历史三维架构的角度探讨人类活动"的研究范式，"借鉴文化哲学的研究方法是文化视野观照下的大学德育研究的理性选择"[①]；高艳青提出"在高校思想政治领域引入文化取向，从文化视野来探讨高校思想政治教育创新"，并揭示了在高校思想政治领域引入文化取向所具有的深刻的理论和现实意义；[②]金雁认为大学德育"无论是过程还是结果，都在文化视野的观照之下，都在意义和价值的笼罩之中"[③]；在王报换看来，"文化作为当今时代的一门显学，在思想政治教育中占有举足轻重的地位"[④]，表达了对在大学德育研究中引入文化哲学方法的赞同。

(3) 反思大学德育的文化缺失

沈道海认为："缺少广泛的文化支撑，就'难以在学生的精神世界里生成相应的道德信念和道德智慧，也就丧失了思想政治教育本应具有的目标指向与价值功能'"[⑤]；金雁以为："在对德育目的的设定中，很显然政治上的要求是居首的，而对文化性的关注却是缺失的，这使得大学德育将育人的职责，从极其广泛的文化领域卸将下来"[⑥]；郑忠梅指出："以往的大学德育思维传统存在着'文化缺失'。例如，忽视道德批判力的培养而造成的道德批判力在大学德育中的缺失，等等"[⑦]；高艳青指出，大学德育"陷入了一个尴

---

①　郑忠梅：《大学德育研究的文化取向》，《高等教育研究》2009 年第 12 期。

②　高艳青：《反思与重构："文化型"高校思想政治教育论析》，《石家庄经济管理学院学报》2010 年第 4 期。

③　金雁：《文化视域中的大学德育——对改革开放以来大学德育的一种反思》，《江汉论坛》2010 年第 10 期。

④　王报换：《论高校思想政治教育的文化底蕴》，《北京教育》2008 年第 1 期。

⑤　沈道海：《论高校思想政治教育的文化取向》，《煤炭高等教育》2009 年第 4 期。

⑥　金雁：《文化视域中的大学德育——对改革开放以来大学德育的一种反思》，《江汉论坛》2010 年第 10 期。

⑦　郑忠梅：《大学德育研究的文化取向》，《高等教育研究》2009 年第 12 期。

尬的境地：原本是针对人思想与心灵的教育，结果却在忽视人性的引导下，处于高高在上的地位，徘徊在'无人区'，这也是目前高校思想政治教育障碍重重的重要原因之一"①。

（4）提出文化取向的德育模式及其策略

高艳青的《反思与重构："文化型"高校思想政治教育论析》②、郑忠梅与张应强的《文化取向下的大学德育课程教学设计》③、王焕芝的《文化哲学视野下的高校德育模式建构——高校德育元研究》④、金雁的《文化视域中的大学德育——对改革开放以来大学德育的一种反思》⑤、王淑文的《基于文化情境的大学生思想政治教育探析》⑥、董同彬的《文化德育：高校思想政治教育新路径》⑦等文章对文化型大学德育进行了模式建构、文化发展路径探索，以及策略、路向与途径的具体化分析。

（5）文化自觉下的大学德育审视

大学德育研究者和工作者借用社会学家费孝通提出文化自觉的观点审视大学德育自身及其与其他教育现象、文化现象、文化环境的关系。

---

① 高艳青：《反思与重构："文化型"高校思想政治教育论析》，《石家庄经济管理学院学报》2010 年第 4 期。

② 同上。

③ 郑忠梅、张应强：《文化取向下的大学德育课程教学设计》，《教育研究与实验》2009 年第 4 期。

④ 王焕芝：《文化哲学视野下的高校德育模式建构——高校德育元研究》，《哈尔滨学院学报》2008 年第 5 期。

⑤ 金雁：《文化视域中的大学德育——对改革开放以来大学德育的一种反思》，《江汉论坛》2010 年第 10 期。

⑥ 王淑文：《基于文化情境的大学生思想政治教育探析》，《思想政治教育研究》2008 年第 6 期。

⑦ 董同彬：《文化德育：高校思想政治教育新路径》，《成人教育》2011 年第 12 期。

　　高艳青明确表示，"高校思想政治教育的文化自觉，表现为对高校思想政治教育这一文化存在的性质、目的、价值和方式的自觉考察和反省，清醒认识高校思想政治教育当前存在的问题和未来发展方向，并采取实际行动实现预定文化目标的认识境界和行动能力"[①]；郑忠梅提到，"从文化的视野中观照大学德育，在现实层面上实现对转型期大学德育研究范式的理性设计与重构，并非为了赶时髦而投身于'文化研究热'之中，而是感应社会文化转向在教育研究中的折射，努力走向大学德育研究的文化自觉"[②]；金雁指出："21 世纪的教育进入了一个文化时代，道德教育更是无可选择地面临着深刻的文化自觉"，"通过文化去关照生命的意义、信念和价值，使德育深入心灵，进入头脑，使被教育者'心悦诚服'，最终实现文化自觉"[③]；叶宗波提出，"以文化自觉的态度审视和加强高校思想政治教育，是提高高校思想政治教育实效性的新向度"，并从承载主体和学生两个层面指出以文化自觉的维度审视思想政治教育的两层含义[④]；西北农林科技大学杨宗阳的硕士学位论文《文化自觉视域下高校思想政治教育研究》通过理论与实践相结合的方法、历史与现实相结合的维度，在比较与反思的基础上，探索大学德育在多元文化环境中的对策与出路，即：加强大学生文化自觉意识、文化选择和文化创新能力的培养，加强中国传统文化的传承，加强校园文化建设，优化家庭文化环境，加强高校虚拟空间的思想

---

　　① 　高艳青：《反思与重构："文化型"高校思想政治教育论析》，《石家庄经济管理学院学报》2010 年第 4 期。

　　② 　郑忠梅：《大学德育研究的文化取向》，《高等教育研究》2009 年第 12 期。

　　③ 　金雁：《文化视域中的大学德育——对改革开放以来大学德育的一种反思》，《江汉论坛》2010 年第 10 期。

　　④ 　叶宗波：《文化自觉：多元文化背景下增强高校思想政治教育实效性的新向度》，《学校党建与思想教育》2011 年第 23 期。

政治教育。①

3. 大学德育的文化研究述评

在关于大学德育所具有的文化性的研究中,学者们对于"文化"的认知存在差异,一部分取广义的文化意含,一部分取狭义的文化意含。已有研究成果绝大多数可以归入两种主要类型:一是从德育的文化理念和文化意识的高度出发,强调大学德育文化定位的重要性,如指明大学德育的文化归属,揭示大学德育的内在文化性、重视大学德育的文化底蕴、检视大学德育的文化缺失、呼唤大学德育的文化自觉。对于文化理念的强调,除少部分研究成果采取了文化哲学的社会历史视角,相当一部分研究从大学德育的文化功能、文化使命、文化环境、文化载体角度进行论证,这就在客观上造成论点和论据存在互为前提的逻辑问题;二是从大学德育实务的某个方面、层面或者具体现象入手,挖掘德育实效性的文化制约因素,如提出文化取向的大学德育模式及其发展路径,重视大学德育的文化载体,这样的视角在一定程度上增加了研究的现实意义和针对性,但在理论解读深度与力度方面尚有余地。总的来看,以大学德育的文化视角展开的研究,无论是从理念还是从实务的角度切入,都普遍站在大学德育的本位立场,较少从超越大学德育在社会、文化、历史中的本位局限,从更高、更广的视域展开的宏观研究;即使是在本位立场来看,对于大学德育自身的本位研究也普遍失于表象与外在,较少从大学德育的本体价值维度切入的对大学德育本质属性的研究,在已有的涉及本质属性的探索性研究成果中,也往往受研究侧重和文章篇幅的限制,未能充分和深入研究。针对问题的对策分析及因应方面,依然普遍存在从理念到理念、从实务

---

① 杨宗阳:《文化自觉视域下高校思想政治教育研究》,硕士学位论文,西北农林科技大学,2011年。

到实务的循环论证。总之，通过梳理与大学德育文化性相关的文献，发现大学德育文化属性的研究要么具有一定的宏观特征而本体分析不够，要么联系大学德育作为外显文化现象及其所具有的文化功能层面展开文化属性论证而没有充分重视大学德育文化属性中的价值本质。

（二）关于"文化属性"的文献述评

综观与大学德育文化属性相关的研究成果，其中普遍提出过大学德育具有文化属性的观点，但绝大部分是从大学德育工作的层面展开或是将大学德育文化属性的实践面与学科面不加区分地使用。在总体德育研究成果中，关于德育文化属性问题的研究成果数量所占比例不多，已有成果普遍集中在德育与文化结构的关系、德育的文化功能两方面论述德育的文化属性。

从文化结构探讨思想政治教育的文化属性。认为思想政治教育的内容（马克思主义理论）、价值导向（坚定的理想信念）、文化载体（文学、音乐、美术、舞蹈等文艺形式）分别是精神文化的重要内容；思想政治教育通过促进人的全面发展、有效调控社会利益关系等功能推动着物质文化的发展；思想政治教育制度是制度文化建设中的内在构成部分。[①] 通过论证德育是文化的构成、德育是文化的内核、德育是文化的灵魂揭示德育的文化身份，指出德育具有认同文化、整合文化、提升文化、引领文化的文化使命；[②] 思想政治教育具有特殊的文化属性，体现在其内容意识形态是文化之核心层次、其本身是逐步实现"人文化成"的过程、其"人文力"的

---

① 刘涛：《思想政治教育的文化属性》，《辽宁行政学院学报》2007 年第 6 期。
② 龙宝新：《论德育的文化属性》，《当代教育科学》2009 年第 5 期。

表现形式;① 从具有文化印记、文化功能、文化力三个方面阐述思想政治教育的文化属性。其中文化印记包括:"思想政治教育目标反映文化的核心价值,思想政治教育内容是文化的重要组成部分,思想政治教育借助文化教育方法和载体;文化功能包括文化选择功能、文化整合功能、文化创造功能;文化力表现为:促进思想道德建设是文化力的核心与灵魂;促进文化事业建设是文化力的主要内容。"②

　　总的来看,在已有相关成果中,研究者们较多采取工具论的立场展开对德育文化属性问题的探索,一般由外在制约性或先赋条件为研究的起点和基础,进而在此基础上推出德育的外在文化价值及功用;少部分学者对于德育文化属性做了本体性观照,提出了很好的观点与见解。但因为这部分内容在著作中一般不构成核心,未作深入阐述,在论文中又受到篇幅限制,未有详细展开。

四　研究视角和主体框架

(一) 研究视角

　　本书对大学德育属性的研究是对大学德育整全属性及其属性中所包含的整全价值的研究,主要基于对大学德育学科属性中文化工具属性和价值文化属性之间关系的审视以及对大学德育文化属性的本体性、内在价值性的探讨。

　　结合本书对大学德育属性研究的学科视角,鉴于当前我国大学德育所面临的主要困境源于自身主体性迷失而不是作为工具的适应性障碍,本书对大学德育文化属性的研究采取本体立场,以德育本

---

　　①　顾友仁:《我国当代思想政治教育的文化属性及其选择》,《大连理工大学学报》2011 年第 4 期。

　　②　尉天骄、王恒亮:《论思想政治教育的文化属性》,《求实》2010 年第 8 期。

体论观点为研究前提，遵循马克思主义文化哲学和人学观的指导原则和史论结合的方法，解析大学德育文化属性中作为工具性"文化价值"的功用被充分重视和过分开发的情况，以及其本体性"价值文化"身份被忽视和贬损的现实，集中从大学德育的主体性与内在价值性方面探析大学德育的文化属性。而在对大学德育文化本性的论证中，则排除了从大学德育工具性功用角度和大学德育现象及其系统内部运行机制中目的、内容、环境、功能等层面寻找依据的非本体性和非内在价值性的取向。

结合大学德育的实务性特征，本书以大学德育实效性有限为切入点，最后正视大学德育承担工具职能的客观现实，主体部分通过分析大学德育属性中"人"的误区、大学德育文化属性的失重及其历史成因，论述了大学德育文化属性的本质在于其主体性和内在价值性，进而提出大学德育有必要做出的主体性、内在价值性的文化因应，也即大学德育文化属性的本质复归。

（二）主体框架

第一部分，通过考察德育实效评价中"人"的主体缺位和德育逻辑起点确定过程中"人"的本质失真，指出德育理论和实践中的人的误区，提出合目标性与合需要性相统一的德育实效评价尺度以及"人的文化性存在"的德育逻辑起点定位。通过对德育实效和德育逻辑起点问题的分析，剥离出在德育理论和实践中的工具理性和功利主义的遮蔽下教育本体和人的本体被忽视和挤压的真相，指出德育中"人"的误区不仅是大学德育低效的深层原因也是大学德育价值失重所导致的理论和现实问题。

已有的关于德育低效问题的研究，在归因时或者避开德育的价值和意义而指向方法手段、目标内容等非本质方面，或者涉及理念层面时仅强调德育实务层面的主观重视，因为尚未从根本上找到德育低效的根源,也便不能真正回答德育实效问题的原因;已有的关于德育逻辑起点的研究,普遍认同马克思"现实的人"对人的本质的认识,将"现实的人"作为德育的逻辑起点,但多数研究在推理和论述中并没能坚守"现实的人"的全部内涵,坚持了"人本"立场,却很容易在纠正人的社会性和社会价值对个体性和自我价值的挤压中滑向另一个极端,偏执于人的个体利益和个体需要,局限于个体与社会的对立关系中而无法自拔。强调个体之于社会更需首先被关注的必要性,仅仅是人的主体性存在的一个视角。在更高的意义上,人是文化性的存在,这种属性涵盖并超越了个体存在与社会存在、现实存在与抽象存在,并且人的文化性存在体现了教育本体、德育本体和人作为本体(包括个体存在和社会存在、现实存在和抽象存在)的一致性与协调性。

第二部分,检讨我国大学德育价值失重的现实表征——大学德育的教化特征及历史成因。

这部分的研究分中,一方面是对我国文化传统中政教合一体制内涵、特征以及历史确立、嬗变线索的梳理;另一方面是对以中华人民共和国历史分期为依据的当代德育随社会政治起落而体现的教化特征,以及拨乱反正、改革开放以来我国大学德育文化属性中的价值复归趋势。

第三部分,通过分析文化与人的实质同一性、文化的总体特性及文化相对性中的性质,进一步探索大学德育主体所包含的内在范畴的文化性,提出大学德育文化属性的主体依据。在这一部分首先从人与文化实质同一性的角度搭建了人作为纽带的德育与文化之间关联性,紧接着对文化总体的规律性和进步性、主体性、精神性和内在价值性,以及文化差异形态的选择性、继承性、积累性、互动性的特性揭示。对大学德育内在范畴中,道德的文化特质、教育的文化基因、大学的文化身份、大学生的文化精神的剖析,是对大学德育文化属性的本体内向省察，也是大学德育文化属性的理论依据。

第四部分，从文化结构和文化发展的双重维度探讨了我国大学德育的必要文化因应，梳理我国大学德育工具理性出离的状况和文化复归的进路。结合现代政治新特征趋势和国家职能转变中的文化增量，揭示大学德育所负载的政治性职能反而在回归文化的进路中能够得以优化实现，在不使大学德育迷失于现代化的张力和工具性的压力的前提下，为大学德育属性中的外在工具性功用找到一条与大学德育文化属性本体价值复归之间殊途同归的路径。最后，通过大学德育的政治社会化的客观职能、大学德育权威维护问题，指出基于大学德育政治性实现的考量，文化进路仍不失为一种理性选择。

第 一 章

大学德育的价值失重

第一节 文化视角下的我国大学教育审视

一 我国高等教育改革文化背景

中国现代化建设具有后发性特点，虽然马克思主义作为中国的主流文化，其本身就是现代化的意识形态，但是中国社会在此之前经历过跨越式发展。在这个意义上，中国发展现代化的起步基础不够坚实，传统文化的影响势力相对强大。从 20 世纪 80 年代文化热到 90 年代国学热、从批判到建设的发展脉络，在一定程度上，正是对中国社会发展现代化的现实基础的客观体现和如实反映。80 年代的文化热推动西方现代文化在中国的传播，也引发不同的价值观念系统之间的碰撞与冲突。

中国发展现代化的态度是以和平为目的，采取主动融入世界经济进程的非暴力途径，基于为中国和世界的稳定与发展奠定基础。但是，在现实的世界格局和复杂的国际形势下，中国在参与全球经济竞争以及构筑国家发展所需的保障体系方面，必然面临前所未有的挑战和压力。在这种处境中，中国的发展模式必然要对发达国家领先、发展中国家追赶的模式加以借鉴，但尝试超越也成为必要。特别是当中国经济发展到一定程度之后，中国模式的自我完善本身需要文化解读和文化支持，20 世纪 90 年代以新儒学兴起为代表的国学热，是中国社会发展开创自身模式情况下的文化反省与重拾，是中国社会文化转向本土与传统的回归与发展，并形成了主流意识形态、大众文化和精英文化"三足鼎立"的文化格局，发生人文价值朝向的转变。

二　我国高等教育改革文化审视

从大学发展史来看，促进大学发展变革的动力往往来自于大学之外广阔的社会领域和生动的社会生活。但大学始终作为具有独立性的自为机构存在和运转，它与社会生活其他方面是平等互动的关系。当前我国高等教育改革依然有受外界因素影响、与外界因素互动的特征，但在这种影响和互动中，大学与外界因素如政治、经济等所处的地位并不平等，这使得大学在某些情况下处于受动方甚至被动方的弱势地位，当外界影响强大到足以支配和控制大学自组织内部的运转时，大学的自主性式微，大学越来越丧失和违背自组织的文化身份。

（一）产业化中的文化式微

大学是社会发展到一定阶段的产物，中世纪早期自发形成的师生集合体广学院就被称为"精神手工业者的行会"①，从中可以看出大学从起源时起就具有应用性职能；大学最初设置的医学、法学、神学及哲学等专业也都紧密呼应社会发展需要。进入洪堡时期后，大学与社会文化、经济、政治生活的关系越来越切近，在社会生活中也发生了作为"国家的文化堡垒"的转型，普鲁士高等教育改革甚至曾经被誉为德国复兴的起点。从这个意义上，中国高校改

---

① 宋文红：《欧洲中世纪大学：历史描述与分析》，博士论文，华中科技大学，2005 年。

革对现代社会生活和生产方式发展需求做出回应是必要的，也应该肩负起服务国家和社会的客观职能。但是，这一职能必须建立在大学成其为大学的前提下，大学一旦失落了自身的文化价值或者背离了自身的文化身份，那么履行服务社会的职能也就无从谈起。

高等教育产业化贯彻国家行政意图。从大学发展史可以看出，大学变革的动力常常来自大学之外。大学的阶段性发展总是伴随着社会生产方式或者社会文化思想的重大变革，每一次经济和文化的历史性变革都宣明各自时代的特征与诉求，也促动了大学内部组织的嬗变。在我国最近一轮的高等教育改革中，产业化发展是其中的重要方面，高校扩招是产业化的突出表现形式。遗憾的是，高校扩招直指"拉动内需、刺激消费、促进经济增长、缓解就业压力"四大目标，这一改革措施的直接动因来自行政指令，高等教育模式变革的导火索由金融业者的谏言点燃，这意味着高校成为国家经济大局解困的砝码。高校扩招的经济因素原动力为高等教育产业化打上了国家行政意图的烙印。

"大学城"运动与地方经济策略密切相关。在国家层面，高等教育产业化被作为缓解金融困局的砝码，这一思路在地方的运用则变通地体现为高校成为拉动地方经济发展、实施政绩工程的棋子。大学城本身并不意味着被诟病，牛津、剑桥、哈佛、麻省理工等高校就在自然发展基础上实现了对所在社区和城市的文化融入、教育资源共享，成为典范大学城。但是，我国一些地方政府为提升业绩而开发大学城，大学城建设本身成为政府业绩的重要一笔，同时大学城还被寄予了为地方经济发展营造辐射源和增长点的期望。各地争先恐后强力推动大学城"造城"运动，但是与重复建设所造成的资源浪费、与跨校区教学及管理成本增加而造成的高校内耗相比，大学城建设收益与投入的倒挂现象是大学、政府和社会公众有目共睹的。

（二）规模扩张中的文化品位失落

院校合并中差异性组织文化间的消磨。继 20 世纪 50 年代院校调整所做的大规模院校合并之后，90 年代末高校改革再次兴起院校合并之风。这一轮的院校合并初衷是在高校产业化特别是扩大招生规模的形势下革除原有高等教育体制下院校设置中存在的条块分割、重复设置、布局失衡等弊病，但又引发了新的问题。已有研究对院校合并后的财务、档案、人事管理多有探讨和反思，然而合并院校间组织文化的差异性势必造成不同组织文化融合过程中的文化消磨，可想而知，这种消磨必然以处于弱势地位的院校文化的弱化与消弭为结果。以师范类院校为例，合并去向一般为归入或组建综合大学。但是，师范类院校侧重教育教学职能，综合类院校侧重科研，二者的发展策略存在差异。一般来说，师范院校在合并之后，普遍存在学科专业发展边缘化、办学特色逐渐淡化的趋势。而所有的院校合并中，都存在至少一方合并院校组织内部成员的文化身份失落，在新校的文化融合中，主流文化也必然遭遇文化稀释的命运。

大众化转型中的公众认同衰减。高等教育变革发生了精英教育模式向大众教育模式的转型，这标志着高等教育对社会文化世俗化的适应，也意味着高等教育要做出面向社会大众的调整以体现大众化转变的本质。但是在高等教育大众化过程中，高等教育的大众化出现违背自身宗旨和实质的问题。高考考生弃考人数、录取后放弃入学人数两个数字有增无减，直接向高等教育大众化发难，表达了公众对高等教育大众化转型期望在更广的范围和更高的层次上提升大学生文化性的否定评价。高等教育产业化发展之后，作为高等教育消费者和高等教育重要利益相关者的大学生、准大学生群体对接受高等教育的期望值及满意度的下降，在事实上反映了高等教育大众化转型中公众认同的衰减。

（三）教育评价中的文化价值切割

高校评估启动以来，一直面临毁誉参半的社会评价，指标对高等教育的异化，行政对教研工作的干扰与之如影随形。评估工作中存在着评估操作缺乏科学性、评估导向单一化与评估重点偏离等主要负面因素，影响到高校办学的自主性和学校发展规划的连续性，而且在一定程度上导致高校竞争恶化，评估结果成为高校争夺各种显性的资金和政策扶持、隐性的声誉和利益助推资源的角力，甚至有学校不惜在教育教学工作之外苦心经营以材料造假、人情公关等手段取得预期评估结果。一旦评估的意义停留在浅层次行政行为层面，高等教育就难于避免价值失落和本质异化。高等教育改革的本意在于突破和修正僵化的高等教育体制，促使高等教育院校探索特色化办学和创新式发展，提高国家高等教育整体竞争力，但评估操作中整齐划一的刚性指标、口径一致的过高导向，兴师动众的评估过程，却伴生着对高等教育规律的违背和对高校办学特色的扼杀。高校评估制度作为高等教育质量保障机制，本应作为高校办学的外在监督手段存在，可是在评估实践中，出现了评估主导高校办学实践的导向偏离，这在一定程度上导致高校作为办学主体、自由学术组织陷入了文化身份挤压与文化内涵稀释的命运。

（四）国际化中的文化失守

发展中国家与发达国家之间的高等教育交流与合作至少在人才流向和文化传递方面存在现实的不平等关系，也即现代化进程的后发国家与原发国家在高等教育国际化过程的"引进"与"输出"中是极其不平衡的。由于发达国家的高等教育水平居于世界领先水平，高等教育的国际发展趋势是由发达国家主导的，发达国家与发展中国家高等教育体系之间的势差必然导致人才流动呈现由发展中国家趋于发达国家的局面，而在以高等教育为载体的文化输出方面发展中国家亦不占优势，文化传递的内容和领域集中在浅层次、边缘化层面。

高等教育国际合作与交流在人才培养问题上主要表现为吸纳外国留学生到本国学习，以及输送本国学生赴国外留学。综合地理吸引、文化吸引、政策吸引因素，结合经济发展水平、教育发达程度等方面的影响，中国高等教育国际合作与交流中的人才流动总趋势是人才流出大于人才流入，并且流出人才中存在较大数量的滞留国外问题。"必须承认，美国有一流的设备、经费水平和教师，那种学到世界最新知识，做顶尖课题项目的感觉是非常美好的。"[①] 由于我国高等教育与发达国家高等教育之间切实存在的发展落差、国外就业市场的可能性等，国外高校的留学吸引力优势在短时期内还会客观存在，我国高等教育阶段的人才流失问题暂时无法有效扭转。与此同时，国外大学适应高等教育国际化特别是商业化发展，应对文凭需求而对高等教育留学生市场做了扩大规模、缩短学程、降低门槛等调整，出现归国留学生学业不精、学历造假等现象，冲击了国内高等教育生态和秩序。

（五）教改目标的文化悖论

重视特色导向与同质化发展。现行的与高等学校相关的教育教学评估中，没有哪种评价体系不把"办学特色"作为重要指标加以强调，但导致高校同质化的根本原因恰恰就在于高等学校考评模式和评价标准自身。"目前，我国高校的评价体系中，最重要的衡量参数是学校规模、层次和学位点数量，由于评价标准单一，高校之间实际上比的是'高'与'大'，而不是'学'，这直接会引导高校盲目求大求全。"[②] 学科专业设置的面面俱到，学历培养层次的应有尽有，把许多大学带入特色越打造越淡化的误区和总体学科专业

---

① 丽阳：《发掘留学的"无形资产"》，《中国教育报》2002 年 2 月 12 日。

② 潘懋元：《高校办学应避免同质化》，《中国教育报》2011 年 7 月 4 日。

水平越建设越弱势的怪圈。

建设"世界一流大学"与"高等教育强国"。"一流"的大学都不是在口号声中建成的，"高等教育强国"大概也不是强力和刻意的运动所能达成的。作为育人的事业，高等教育是为国家和社会发展培育人才的关键环节和最高阶段，那么，遵循教育周期的长期规律和恪守教育质量的高品质定位，就是大学不能违反和不该背离的准则。内涵式发展的模式选择是建设高水平大学、特别是高水平研究型大学的必由之路。

三　大学教育发展的文化回归与进路

大学实行科学研究和服务社会的职能仍然有必要恪守"以人为本"的基本尺度，关注人的"全部"和人的"长远"，恪守文化性的大学本真样态，不应该被"大都市"的光怪陆离遮蔽自身的文化本质。

（一）恪守大学本质和大学伦理精神

黑格尔认为，一切具有伦理性的实体均是伦理实体。大学作为伦理实体，具有传承知识、寻求真理、学术自由、思想自由等不同于其他伦理实体的本体内在规定性，在此基础之上，大学有人本性、宽容性、开放性和批判性等伦理精神。

人本性。人之成人的过程中在知识、学问、真理、智慧、人格等方面的追求，也正是大学的目的所在。就这一意义而言，大学的最根本伦理精神即为人本性，大学发挥育人功能要以对人的主体性的尊重为前提。故此，人是大学的逻辑前提、中心和归宿。

宽容性。"宽容是基于平等的自由精神而表现出的对异的容忍、尊重，以及在这种雅量与胸怀中所深藏着的平等包容精神。"① 真知在宽容中接近，没有人可以实现对真理的独占，也并不存在"绝

---

① 　高兆明：《制度公正论》，上海文艺出版社 2001 年版，第 73 页。

对"的真理。正是"兼容并包"孕育了现代大学的学术自由与批判精神。"作为一个以高深学问为核心、由生产知识的群体构成的学术组织"①，大学要求隐性的观念和价值体系代替显性的指令和规则作为主要的协调和控制手段。

开放性。开放性是宽容性的重要内容之一，也是开放性的必然要求。大学是超越眼前利益、超越当下的存在，实践、批判与解放是大学的取向。同时，大学又是极具"欠缺感"的存在，它所关注的不仅是自然与社会中的"实然"，更探寻社会发展的"应然"，欠缺感促使大学处于现实而指向未来。大学是社会中的大学，大学的生存和发展依赖社会环境的活力，获得社会活力的前提是大学自身的开放态度和自觉吸收。

批判性。大学的开放性与大学的批判性是同一的。大学是具有批判性的特殊社会组织，在事实、真理本身以外，不应当存在任何权威与迷信。在大学里，"一群对自己的专业知识和思想有一种庄严的敬意、不肯屈服于知识之外的压力并严肃追求科学，具有独立人格并以科学为是非准绳的知识分子……具有强烈的批判精神、参与要求和更独立的个性"，"大学与生俱来就具有表达异议的倾向，大学应该是新的、有争议的、非正统的异端邪说的论坛"②，大学校园应该是从事社会批判的场所，学者所缺少的不是沉默，不是一致同意，而是"辩论的文明"。

（二）回归大学的育人本职和文化组织本位

大学从古典形态走到现代形态的过程本身就是大学与所在城市、所处社会之间不断博弈和制衡的过程，大学对社会发展需要的

---

① ［美］伯顿·克拉克：《高等教育新论——多学科的研究》，王承绪等译，浙江教育出版社 2001 年版，第 23 页。

② ［美］约翰·S.布鲁贝克：《高等教育哲学》，王承绪等译，浙江教育出版社 1987 年版，第 16—17 页。

顺应、适应与服务关系素来只存在程度的差异而不存在有无之别。大学的功能也由单一的教学功能不断扩展到科研、社会服务、文化传承与创新等功能形态，克拉克·克尔提出的"多元化巨型大学"更是将大学归为具有多种目的、多种利益关系、多种活动的多元机构。

　　总的看来，大学的诸多功能有本体功能和衍生功能之分①。古典大学的宗旨在于传授知识与培养绅士，现代社会大学的目的在于培养社会成员自由而全面发展的个性以及尽善尽美的人性。如此看来，在全部教育史中，始终贯穿于教学过程中的人才培养构成大学的本体功能，而科研、社会服务和文化方面的功能则属于大学功能中的衍生功能，大学教育应基于人的需要为最根本的立足点。但是现实中，大学在随社会整体高速运转中越来越失重和离心，其本体功能和衍生功能之间的关系失衡和割裂的问题越来越严重。以科研为例，科学研究是人认识自己、发展自己、实现自己的工具，大学服务社会的对象在根本上也应该是社会的主体——人，而不是社会派生甚至异化的现象与功能，大学有必要时刻对自身的"科学研究"进行文化操守和文化品格的检省，大学始终是关注和守护人类知识与精神的殿堂，必须固守大学的本质和应有的伦理精神。

　　从历史发展角度来看，人类社会迄今经历过农业社会、工业社会、信息社会三种形态。大学在农业社会的"象牙塔"、工业社会的"社会服务站"、信息社会的"社会轴心"这一地位转变过程中，自身的规模和职能发生了沧海桑田的变化，社会对大学的意义和价值的判断也不可同日而语，但大学是文化的存在方式这一事实却始终没有改变过。大学做好自己该做的事，是大学对社会的最大

---

① 任燕红：《大学功能的整体性及其重建》，博士学位论文，西南大学，2012年。

贡献；而且，在这种回归的定位中，大学恰恰能够最大限度地发挥社会职能和促进社会发展。

第二节　大学德育实效性评价中"人"的缺位

相较于教育在社会各领域受重视程度的制衡关系而言，德育作为教育的具体形态之一，在我国不可谓不受重视；相较于德育的"受重视"地位而言，德育的实效却着实不尽如人意。事物的外在功效是事物内在性质的外化表现，探寻大学德育低效问题的根源与解决之道，有必要从反思德育本体出发。德育有效性客观上要求以自身价值与意义的澄明、权力与威信的树立为基本的和必要的前提。当前德育的实效性有限，或者说德育不能实现德育目标，那么德育就不得不反思：德育所做的种种努力为何不能转化为德育对象的道德信仰与道德践履。德育对象对德育所传达的道德的不信服，说明当前的道德教育并不具备应有的权威。诚然，社会转型期的道德危机是多方面因素综合作用的结果，要求德育对社会历史进程中规律性呈现的道德困境负全责也有失公允。但从德育主体性存在的立场来看，德育必须为自身解决存在和发展的内在动力问题，因为这种内在动力恰恰是克服无权威德育的种种征候的根本力量——德育实效性有限就是一种无权威的德育的表征。

大学德育是具有鲜明实践性的领域，"思想政治工作"层面下的大学德育实践活动无疑具有显著的工具性特征；但从专业高度审视大学德育的性质，它无疑具有内在本体价值性，并且它是工具性赖以存在的基础与根据。长期以来，我国大学德育因其"文化价值"而具有的文化功用遭受着工具理性的透支，但它作为"价值文化"的本体性存在却不断式微。

对文化的研究离不开对人的研究，大学德育文化属性中的外在工具性和内在价值性的失重问题突出反映在大学德育理论与实践过程中对"人"的认识问题上。有研究者曾经指出:"带有主体改造客体意味的界定,使得思想政治教育的权威和优越性的实现是以'人的独立性'乃至整个人性的丧失为代价的。"① 在我国大学德育传统中个体的主体性并不被重视和强调,加之现代化社会历史进程中工具理性的影响以及社会主义政权建立和发展过程中具体的国内外环境、社会现实问题等多重因素作用,造成当前我国大学德育仍然存在着德育实效评价中的主体缺位、德育逻辑起点定位上的"人"的本质失真、德育价值取向方面的工具性异化等问题。这些关于"人"的认识误区,表现在大学德育本体和功用的本末倒置,以及大学德育作为文化机体的被割裂。

尽管在教育行政话语中德育是置于"文化事业"之列的,在各种教育成分中居于"首位",毫无疑问是具有文化属性的。但德育的"首位"并不是源于文化实体的内在规定性,而是赖其"文化功用"而生。在深层理念和基本取向上,大学德育被视为"文化价值",而非"价值文化",大学德育之所以受到重视在于它的可能的实然功用性,而不是它的本然和应然的与人的生成内在一致性价值。这种理念和取向毫无悬念地导致了大学德育理论和研究中的工具主义立场和迎合外来需要、外在标准的倾向。大学德育自身的文化逻辑和文化机制得不到尊重和保障,大学德育的理论中与文化相一致的人性因素被充斥着政治、经济、技术的权威话语所挤压,触及文化本真的"人的培育"遭冷遇。大学德育迷失于"文化功用""文化资本"的非本质化发展中,大学德育实际是被当作"文化物件"而非"文化机体"来对待的,因为它"更像是一件由'碎布'

---

① 高艳青:《反思与重构:"文化型"高校思想政治教育论析》,《石家庄经济管理学院学报》2010 年第 4 期。

拼凑而成的'百衲衣'。它是一个具有相对边界的整体，却无法给人以整体的理论实感，因为其理论研究没有聚焦在文化或人性这一实质上"①。大学德育内容被分割成政治、思想、道德、法制、心理健康等方面，各个方面从不同其他学科寻找理论归宿和依据；德育的过程被分割成"教"与"学"的相对环节，参与者被贴上"主导"和"对象"的标签；德育的途径被分割成课堂教学、社团活动、社会实践等，并被分别作为在理论上的独立系统加以研究，德育的整体性被忽视。对"人"的认识一旦进入误区，大学德育的全部理论和实践、大学德育实务的全部过程与环节方方面面都必然处在其影响下。鉴于本书的研究任务和研究方法视角，仅就德育实践的终端实效评价、德育理论的逻辑起点两个方面做进一步研究。

一 德育实效性及其评估原则

（一）德育实效性及其评估原则探究

效用尺度是人类实践活动的基本尺度。一般来说，实效性是对实际效果而言的，指实践活动的预期目标和实际结果之间的趋近关系，即实践活动的结果的实现程度及是否实现。

1. 实效性

实效性通常是指一个因素的存在状态对另一个因素存在状态的实际作用效果，特定价值关系中的价值属性是它的实质体现。"作为一种价值属性的体现，实效性指的是特定实践活动及其结果具有的相应特性，即实践活动的预期目的与结果之间的张力关系，它通过实践活动及其结果在与相应主体构成的价值关系中体现出来，即

---

① 朱炜：《文化视域中的高校德育研究》，博士学位论文，华东师范大学，2006年。

根据实践活动结果对相应的主体现实属性的有用性与无用性来确定实践活动有无实效及实效大小。"① 实效性最基本的表征是效果、效率、效益三个方面。效果是指在一个实践过程结束后实践活动所得到的结果。效果的类型可以分为正效果、零效果和负效果。效率是指实践活动所取得的效果与取得这个效果所用工作量之比,用公式体现就是效率=效果÷工作量。效益是指与活动目的具有吻合性的活动结果,是对活动结果所产生的正面效用和收益的价值揭示。当实践活动呈现出零效果或负效果时,则根本没有效率和效益可言。

恩格斯在谈到人类意识的发展历程时指出,伴随着人运用工具而进行实践活动的展开,"人的头脑也一步步地发展起来,首先产生了对影响某些个别的实际效益的条件意识,而后来在处境好的民族中间,则由此产生了对制约这些条件的自然规律的理解"②。恩格斯对实效性问题的这段论述,一方面揭示出对制约实践活动有效性因素及这些因素背后的自然规律的认识,是对实践活动有效性及其实现规律的本质认识和把握;另一方面也反映出,恩格斯是从抽象的简单化了的活动过程出发、从实践活动对象的工具性和客体性视角着眼考察实践活动实效性的。

那么,在人的主体性实践活动经历复杂性的升级,在实践活动对象经历多元化的发展之后,对实效性评价的复杂程度必然随实践活动的对象的复杂程度而增加,特别是一旦实践活动本身具有双主体互动的主体间性,那么即使是从具有更大主动性的主体一方出发,实践活动的对象也会指向同样具有主体性的"人",这时,实践活动实效性评价的前提必然包含一个隐性前提,即作为实践活动对象的主体的需要和利益必须被重视和尊重,而且唯其建立在这个

---

① 李会红:《高校德育实效性的内涵与特点刍议》,《长春工业大学学报(社会科学版)》2006 年第 3 期。

② 《马克思恩格斯全集》第 4 卷,人民出版社 1995 年版,第 274 页。

合理性前提之上，实践活动的总体有效性才是合法的。

2. 德育的实效性

20 世纪 50 年代，我国翻译自苏联凯洛夫所著的《教育学》一书对德育实效性作为德育重要原则有过专门论述。我国社会历经 70 年代改革开放和八九十年代的两次社会文化思潮，德育也历经学科地位提升的变化，但在德育实效性问题的认识上，学者们虽经多方探索已经取得了一些客观成果和认识发展，却依然体现出明显的受苏联教育理论影响的痕迹，也没有对恩格斯的实践活动实效理论予以结合德育活动实际的实事求是的深入思考。

依据是否观照作为学校德育"对象"的学生主体，对德育实效性的界定可以分为两种，一种是从德育实践活动本身的目标实现来界定德育实效性，一种是从以学生品德变化为中介的德育目标实现角度来界定德育实效性。

从德育目标达成角度来界定德育实效性。在从目标达成角度界定德育实效性的学者中，严善昌认为德育实效"是指一个阶段内德育工作的成功率，或者说是预期目标任务的到达度与完成率。凡符合德育目标任务的有价值的、有效的信息和事实依据，都可视为'德育实效'"[1]。在李春玉看来，"德育实效是指德育工作完成率，或者说是预期目标任务的到达度与完成率"[2]。沈壮海提出："德育实效性是指在特定的环境条件下，德育的实际运作对德育目标的实现程度。"[3] 张平的定义是："德育的实效实质上就是德育的现实功

---

①　严善昌：《试论中小学德育实效性的策划与营建》，《中国教育学刊》1992 年第 5 期。

②　李春玉：《试论德育实效的含义与特征》，《中国教育学刊》1996 年第 2 期。

③　沈壮海：《关于世纪之交高校德育的回顾与展望》，《清华大学教育研究》1999 年第 2 期。

能与期望功能的吻合程度。"① 葛喜平认为:"德育的实效性体现在德育过程和教育目的的实现这一关系上。它在本质上是德育过程对教育目的的实现所表现出来的一种积极的价值属性,是德育过程最大限度地发挥各种教育要素的效能,促进教育目的的实现方面所表现出来的积极特性及所达到的实际效果。"② 综上所述,我国学者对德育实效性的界定主要是从德育运行系统出发(有的还兼顾了德育运行环境),也就是说,这些对于德育实效性概念的界定多采取了工具论的立场,将德育作为工具性活动来考量德育的实效性。在其中,既不见作为德育输出主体的教育者,更不见作为德育接受主体的学生。③

从以学生品德变化为中介的德育目标实现角度来界定德育实效性。瞿天山和杨炎轩的定义是,"学校德育的有效性是指在学校德育活动的过程和结果中体现出来的教育者以自己的活动引起学生的品德发生变化并使之符合自己目的的特性"④。戴克明认为:"德育的实效性,既是指德育的内在效果,即德育的要求能够顺利地转化为学生个体的思想道德素质;同时也指德育的外在效益,即德育通过提升学生的思想道德素质促进社会的物质文明和精神文明的建设。学校德育的实效性还表现在德育效率上,即以一定的人、财、物、时间投入获得最佳的效果和最大的效益。德育的效果、效益和

---

① 张平:《德育实效性问题与世纪抉择》,《教育理论与实践》1998 年第 2 期。

② 葛喜平:《高校德育过程实效性低的理性分析与对策研究》,《学术交流》2004 年第 9 期。

③ 在真正意义上,(学校)德育是教师与学生的双主体互动的主体间性平衡的教育活动。只在相对的意义上,教师作为德育实施主体和学生作为德育接受主体的身份才成立。此处的"实施主体"和"接受主体"就是有侧重的、相对意义的主体区分。

④ 瞿天山、杨炎轩:《学校德育有效性的现实考察及其评价》,《教育理论与实践》2000 年第 7 期。

效率共同构成了学校德育实效性的基本内涵。"① 对戴克明的这一观点，云南师范大学梅英的硕士学位论文《网络生态危机与德育实效性问题研究》②、天津大学郑志丽的硕士学位论文《中等职业学校德育实效性研究》③、福建师范大学林妹珍的硕士学位论文《生命关怀下的高校德育实效性探析》④、西南财经大学龙梅的硕士学位论文《增强我国高校德育实效性研究》⑤、内蒙古师范大学周丽琴的硕士学位论文《巴彦淖尔市小学德育实效性研究》⑥ 分别表达了赞同。孙广玉主张，"德育实效性是指德育工作通过一系列教育活动作用于德育对象认知行为的成果，是一定阶段内预期任务目标的完成率和达成率，或说德育工作的成功率，其实就是德育的现实功能与期望功能的吻合程度"⑦。傅琳凯在参阅已有研究成果基础上概括地提出，"德育实效实质上就是德育价值的实现，也是德育目标的达成度，即在一定的社会环境的影响下，通过德育实践活动，教育者将德育的要求（德育目标、内容）转化为受教育者个体的思想道德素质（内化过程、内在效果）并且使个体的思想政治品德受到影响，之后再转化成现实的行为（外化过程、外在效果），德育的实

① 戴克明：《关于提高德育实效性的思考》，《中国教育学刊》2000 年第 6 期。

② 梅英：《网络生态危机与德育实效性问题研究》，硕士学位论文，云南师范大学，2004 年。

③ 郑志丽：《中等职业学校德育实效性研究》，硕士学位论文，天津大学，2004 年。

④ 林妹珍：《生命关怀下的高校德育实效性探析》，硕士学位论文，福建师范大学，2007 年。

⑤ 龙梅：《增强我国高校德育实效性研究》，硕士学位论文，西南财经大学，2007 年。

⑥ 周丽琴：《巴彦淖尔市小学德育实效性研究》，硕士学位论文，西南财经大学，2009 年。

⑦ 孙广玉：《关于德育实效性问题的探讨》，《党史文苑》2004 年第 4 期。

效性是通过具体的效果、效率和效益体现出来的"①。以上从以学生品德变化为中介的德育目标实现角度为德育实效性所做的界定中，兼顾了学生的品德、思想道德素质、认知行为等主体性因素的发展变化，有的看到了人作为德育对象特殊性前提下，德育活动内化过程与外化过程、内在结果与外在效果的分别，还有的在这种"目中有人"的德育实效性界定基础上进一步倡导对高校德育观念与内容、目标与模式的更新，强调"要提高德育实效，必须坚持以人为本的教育哲学观"②。综上所述，学者们对于德育实效性定义视野的开拓反映了 20 世纪以来，教育科学发展对人文主义的关注和文化研究的兴起。

本书认为，德育实践活动不是利用工具改造和创造自然的简单劳动也不是程式化的普通工作，其对象具有主体性，是特殊的对象形态，应该引起足够的关注和重视。因而，德育实效性是德育实践在双主体平等互动的活动过程中，将德育目标向德育对象主体思想道德素质的转化程度以及表现为效率、效果、效益的德育目标达成程度，总体地呈现德育实践经过德育过程的内化和外化两个环节而最终反映出的德育对象思想道德素质提升的内在效果和德育对象个体思想道德素质对社会思想道德规范及社会思想道德期待符合程度的外显效果。

3. 德育实效性的评估原则

从价值角度分析，德育实效性实际包含着内在效果和外在效益两个方面。"价值"作为表明主体与客体关系的哲学范畴，可以客体对主体需要的满足程度来衡量。因此，德育的价值就是德育实践活动符合主体目的、满足主体需要的有用性或效应。同时，因为在

---

① 傅琳凯：《关于德育实效内涵的思考》，《长春工业大学学报（社会科学版）》2006 年第 3 期。

② 孙广玉：《关于德育实效性问题的探讨》，《党史文苑》2004 年第 4 期。

德育实践过程中现实地存在着两个主体，作为德育对象的学生的主体性同样不可被忽视和抹杀。并且在教育本体论的意义上，德育实践对学生的主体性的符合与满足程度是教师主体活动对德育赋予自身的目的与需要得以实现的前提，前者决定后者时的价值及其价值程度。亦即，只有当德育的目的取向与学生作为人的身份所决定的自身道德素质发展的目的和需要相一致的情况下，德育实践活动的价值才成立，也只有在这种情况下，德育实践活动的主体双方、个体与社会的利益与目的才是一致而不相违背的，德育实践活动的实效性才是可能的、现实的与可持续的。所以德育实效是德育价值客体（德育实践活动）对德育价值主体（德育实践实施主体及其所代言的社会、德育实践活动的接受主体——个体的人）需要的满足程度。

因为德育实施主体在极大程度上体现社会规范的要求与期望，可以作为德育社会价值的代言。所以从价值角度来看，德育实效性现实地包含着两方面内涵：一是实现德育实践自身的目的和需要，也即满足其所代言的社会存在和发展的目的和需要，这是德育实效性的外显效果；一是满足个体"成人"的目的和需要，也即满足社会成员个体生存和发展的目的与需要，这是德育实效性的内在效果。

可见，对学校德育具体而言，德育实效的评估标准有两个主要参数：其一是德育实践对学生道德成长需要的满足程度，其二是德育活动对其所负载的德育目标的实现程度。简而言之，德育实效性的标尺是合需要程度与合目标程度。表面上看，合需要程度是针对德育对象的需要而言，合目标程度是针对德育运行系统自身的目标而言，并且从德育对象的现实道德状况与德育目标之间必然存在差距、作为德育对象的学生个体之间也存在客观差异性来看，德育实效性的两个衡量尺度——合需要程度与合目标程度——之间是矛盾对立的关系。学生个体的道德选择是因人而异的,德育目标在很大程度上是代表社会整体利益或者代表统治者利益的,这就涉及德育所代表的社会整体利益是否与德育对象的个体利益相一致、统治者的当下利益是否与德育对象的根本利益与长远利益相一致的问题。显然,以德育对象的需要为标准,使德育运行系统的目标与之适应,会导致德育实践因德育对象主体需要层次性和利益多元化而莫衷一是的迷失,从而削弱德育实践的立足之本;以德育运行系统的目标为标准,使德育对象的需要与之相适应,则会导致社会整体利益对个体利益整合的极端化以及德育出离适度工具性的泛教化。二者之间的矛盾如果得不到调和,就会出现学校德育越是在操作层面加大力度,就越是凸显实际效果不尽人意,德育陷入"实效弱化—实践加强—实效更弱化"的背反境遇,进而德育有效性沦为"一个真实的假问题"①。因而,德育实效性的合需要尺度与合目标尺度必由一个共同的指导原则来规范。这个原则既要约束和引导德育对象需要的合理性,又要约束和引导德育运行系统目标的合法性,确保德育对象的合理性需要和德育运行系统的合法性目标能够被尊重和保障。从个体的角度来看,德育对象的需要源于"个人"的需要;从整体的角度来看,德育系统的目标源于"整体"的利益,也就是说,二者之间的差异在于对主体的程度的不同关照,而不是性质的根本不同。然而,无论是个别意义的需要还是整体意义的利益,都是人的本性的体现,都以人的本质规定性为前提并反映这一规定性。人的本质规定性既是个体需要的引导与规范,又是社会和统治集团目标的指导与约束,所以,从这个意义上看来,人的本质规定性既可以为个体需要、社会或统治集团的目标提供指导与约束,也

---

① 朴雪涛:《大学德育有效性:一个真实的假问题》,《探索与争鸣》2002年第1期。

即人的本质规定性可以作为德育实效性的合需要尺度与合目标尺度的判别标准，尊重和遵循人的本质规定性构成德育实效性的指导原则。

二　对大学德育低效归因的辨析

目前，关于德育实效有限的问题，常见的归因普遍针对理念、目标、内容、方法手段等提出。德育的方法手段作为德育实践所采取的终端技术属于形式层面，而形式既不对内容产生决定作用，也不能最终决定矛盾性质；目标与内容是制约德育实效的直接决定因素，所以与根源尚有距离，不构成根本原因；德育理念貌似属于基本层面的决定因素，但理念作为理性化的思维活动模式，可以从不同层面关照事物而形成的见解，其中只有对德育本原或者深层次问题形成的理念，才在根本上关涉德育实效性。

（一）方法手段：主体性的外显呈现

德育的方法手段只在既定的德育实效方向上产生程度的影响，构成德育实效的影响因素，却不能成为德育"低效"的原因。在对德育实效的影响体系中，方法手段作为德育过程的介体对具体教育环节和有形教育场合的影响效果是相对明显的，而就德育实践的整个"内化—外化"过程而言，这种有效性主要体现在德育对象的道德认知确立环节，而在道德情感形成、道德信念坚守以及道德行为转化和道德习惯养成中的体现则依其机制复杂程度而递减。

以德育的"灌输"方法为例，有两种形态。一是，列宁在《怎么办》一文中指出"把社会主义思想和政治觉悟灌输到无产阶级群众中去"，以"提高他们的思想意识"①。显然，这是用"先进"理论武装认识水平"落后"的头脑的过程，以实现认识状态

---

① 《列宁选集》第 1 卷，人民出版社 1992 年版，第 92 页。

从"无"到"有"的转变。二是,在德育养成过程中,针对幼小个体的教化方式。"道德的典型特征是伴随少量理由说明的反复灌输。所以,我们往往在儿童刚刚达到懂事的年龄,就向他们提出了我们道德指令的理由。"[①]"当一个人年幼而脑子容易接受外来印象的时候,如果把一种信仰不断地向他灌输,这种信仰似乎可以取得近乎本能的那种性质。"[②] 可见,"灌输"在两个意义上有效:一是"先进"理论进入相对"落后"的主观,一是共识观念进入"未知"的个体。二者之间的差别是理论教育与感性教化的疏异。二者的共性是作用于从"无"到"有"的德育初级阶段即在道德认知环节,而道德认知仅仅处在从"认知提升"到"行为迁善"的起点。总而言之,德育的方法手段只在德育过程的初始环节发生作用,无法对德育过程终端结果的实效情况与有效程度负责。技术是人的主体性的外化,反过来回答主体主观方面的问题是没有说服力的,依其解决主体主观方面的问题是无法根本实现的,故德育实效性有限的症结全然不在方法手段。

(二)目标内容:相互规约的过程要素

在对德育低效问题的原因系统中,与德育的方法手段相比较,德育的目标与内容是相对深层次的归因。目标与内容贯穿于德育过程的全部阶段与环节,具有导向作用,因而在德育低效问题上无疑占有更大的影响成分。

综观我国德育现实,各层次学校教育普遍存在着德育目标和德育内容的泛教化。显然,意识形态教育属于德育的理性内容,建立在教育对象自我身心和谐、道德情操良善、价值观念稳定的基础上

---

① [美]弗兰克纳:《伦理学》,关键译,生活·读书·新知三联书店1987年版,第15—16页。

② [英]达尔文:《人类的由来》,潘光旦、胡寿文译,商务印书馆1983年版,第183页。

才可靠。所以，以价值理性为导向的"成人"的主体性教育应该是造就"社会主义事业建设者和接班人"的工具理性教育的前提和条件。"社会主义事业的建设者和接班人"这一育人目标本身是一个身份指称明确、内涵表意模糊的表述。"什么是社会主义？"这一命题本身处在建设社会主义实践的不断摸索和发展中，其内涵也处在不断被发现和揭示中，所以"社会主义事业的建设者和接班人"是一个明确的模糊育人目标，基于这一目标的评价自然无法准确反映德育实效，无法为提高德育实效提供有益的借鉴和指导。

　　"社会主义核心价值体系"作为德育核心内容的地位已经取得广泛共识，对社会主义核心价值体系在其与德育关系中的这一定位，具有政治合理性也体现哲学的真理性要求，同时符合现代政治发展趋势。德育内容是"以什么培养人"的问题，德育目标是"培养什么人"的问题，可以说，德育内容是由德育目标决定的，但又具有相对独立性，能够反过来限制德育目标的实现情况。德育内容是对应德育目标的具体化和可操作性转化，是为德育目标的实践落实所做的准备，德育内容直接反应德育目标的需要，同时德育内容对德育目标的转化情况也规约德育目标的实现情况。近几十年来，我国传统德育形态泛教化的德育内容，造成德育与"人"的疏离，德育为政治服务的工具理性取向使得德育的体系庞大而中空，德育话语常常在言说政治语境中表现为纯意识形态而与道德无关的内容。这样的内容设置的初衷在于不遗余力地体现德育目标要求，但在德育实效上并不见得取得预期效果。

　　社会主义天然地作为人类社会历史发展阶段的产物而存在，而不是作为某一社会意识形态的对立物而存在，这种对立所产生的使命不应该成为社会主义的唯一要务，社会主义首先是一个社会历史概念。当然，不排除在特定历史时期，意识形态对立和斗争上升为国际社会的主要矛盾，相应地"社会主义"也会呈现出政治的、意识形态的甚至阶级斗争的浓重色彩。一般来说，社会核心价值体系是社会系统良性运行和协调发展的精神基础、理论前提，是任何社会不可或缺的文化内容。随着社会发展阶段推进和文明程度递增，社会核心价值体系对社会的凝聚、整合作用越突出，在引领社会发展中的地位越重要。在德育而言更是如此，无疑社会核心价值体系的真理性内容比单纯的政治教条在道德教化中更有力和有效。所以，以哲学视角来看，将社会主义核心体系作为德育的核心内容，是以社会核心价值观为统领的德育转向，标志德育内容将摆脱泛教化和多变的境地，有助于形成稳定的德育价值取向和德育理念。

（三）理念：不同角度和层面的理性观照

从理念层面入手的德育低效归因，最有可能触及德育低效问题的根本层面。理念作为理性化的思维活动模式具有深刻、切近本质的特点；同时，理念作为理性化看法和见解的表现形式，可以是从事物各角度和层面切入而形成的概括，不见得对一事物而提出的所有理念都在本质层面具有深刻性和切近性。

"全员德育"是关于德育有效性归因在实践操作层面提出的理念，是特定德育模式系统对提高德育实效的应对策略，虽然具有"理性化思维活动模式"的形态，但对德育低效的归因并不具有切近本质的性质；"德育首位"是在德育体系内部确定德育生态位而形成的理念，相对于德育自体系而言，这一理念针对德育环境提出，因而也不触及德育实效归因的本质；不同于"全员德育"和"德育首位"的德育本位立场，"以人为本"是从指导思想的哲学高度和开阔视野下，从德育价值诉求的层次提出的解决德育低效问题的对策，但这一理念是否属于对德育根本问题的理性化思维结果，则取决于"以人为本"中"人"的意义所指。显然传统德育目标所指向的"人"，是特定的工具化的人，只是从人的全部内涵中剥离的社会功能（尤其是政治功能）层面的内容。如果"以人为本"也只取这一内涵、只关注德育对象个体接受其所在社会主流价值观的情况及遵守其所在社会道德规范的程度，热衷于如何最大限度地把尚未符合特定德育目标的"人"变成符合特定德育目标的"人"，那么这种"以人为本"的理念仍然只是细枝末节的解说而不能触及德育低效的深层次原因。

总之，以上几种关于德育低效问题的归因并未深入问题的实质，关键在于没有从德育实效性的真正含义出发，把握德育有效性的评估标准，从而做出有针对性的、中肯的归因。

如上文所述，德育实效性的评估尺度是合需要性与合目标性，也就是德育是否能够帮助学生成为其所希望成为的人和德育是否能够使学生成为"委托人"所期望成为的人。计划经济社会是在"指令经济"原则下运行的社会模式，实际上是为政治所统合的社会，具有鲜明的"政教合一"特征，德育与政治之间没有间距和落差，学生个人的发展与人生各阶段所获得的组织评价极为相关，如果在思想政治道德素质方面存在问题，将有档案记录，而一旦档案有"污点"标识，那么个人就丧失了向上流动的出路。从这个意义上讲，在计划经济时代，德育目标对学生的期望客观地成为学生个人成长和发展的"需要"，二者具有相对一致性。而市场经济则属于"规则经济"，或者说是法制经济，单个主体成为社会中的利益主体，伴随资本的自由流动，人的流动机制相应灵活，组织评价的约束机制逐渐式微。以大学生为例，高等教育体制改革确立了大学教育收费制度，大学生与高校教育之间客观形成消费关系，学生作为主体对教育项目的选择自主性增加。自主择业体制更是在极大程度上改变了评价大学生的尺度，学校内部的评价让位于外部社会评价，思想政治道德素质考评情况逐渐在以专业素质为核心的素质评估中失重。由此可见，德育有效性低的问题是由德育对学生主体需要满足程度和德育目标实现程度之间的矛盾决定的。西方道德哲学指出："德行的践行需要一种特定的人，也要有一种特定的社会结构"，"与社会结构不同的道德是不存在的"①。依据心理学原理，人的需要是有层次的，有现实的需要和理想的需要、实然的需要和应然的需要之分。那么，德育必须考虑如何协调学生成长需要中现实的需要和理想的需要、实然的需要和应然的需要之间的关系，必须考虑如何平衡德育目标与学生需要之间的关系。在学生需要和以德育为目标这一对矛盾关系中，盲目以任何一方取代和凌驾对方都是不可取的。既然学生的主体需要和德育的客观目标都处在一定"社会结构"之下，那么"需要"和"目标"都具有历史局限性，所以，找到"需要"和"目标"背后内在的长远的一致性，才是兼顾合需要性与合目标性的理性解决问题之道。这就要求找到主体需要所对应的人（学生想要成为的人）、德育目标所指向的人（德育期望学生成为的人）二者之间恰当的契合点。

显然，即使从理念层面的归因来看，德育低效的问题依然不是"德育首位"的问题也不是"以人为本"的问题，而是怎样认识"人"的问题。或者说，只在德育实践中找德育低效的原因，是不得要领的"头痛医头脚痛医脚"，德育实践中的瓶颈必然对应德育学科中"元"问题的认识错位。德育的首要地位不是靠制度保证和形式上的重视能确保的，德育目标不应是规格化的，德育内容不应是变动不居、缺乏内在一致性的，德育效果不是可量化的，这些都是由人在本质规定性所规约的；同时，对人的存在本质的不同理解也限制着对德育逻辑起点的认识，而德育的逻辑起点问题无疑对理解和解决德育全部问题具有本质的决定性。

---

① ［美］麦金太尔：《德性之后》，龚群等译，中国社会科学出版社1995年版，第159页。

第三节　大学德育逻辑起点定位中"人"的失真

对德育实效以及德育本性的探究不能回避德育的逻辑起点界定：德育学原初的理论依据或事实依据是否可靠，直接规定了其所生发的德育理念、其所规约的德育内容及德育目标、其所推演的德育模式是否能够最终引导德育实践在德育对象那里发生正确的德育转化和收到理想的德育效果。就逻辑起点问题而言，立足人文立场的探求是难以回避的，因为与"人"的疏离正是造成德育低效问题的根源。

一　德育逻辑起点的观点分析

逻辑起点的定义很多，这里采用《实用逻辑学词典》对该概念的界定：逻辑起点即"辩证思维过程的起点，它是科学抽象的结果，其逻辑形式是抽象的概念、范畴或判断"①。已有研究中，对逻辑起点的定义多有差异，但学界对逻辑起点的成立条件和基本特征普遍达成了以下共识："（1）它必须是整个研究对象中最简单、最普通、最基本、最常见的东西，是'最简单的抽象'；（2）它本身所包含的内在矛盾是以后整个发展过程中一切矛盾的胚芽，或者说，在这个最抽象的概念中，潜藏着尚未展开的全部丰富性；（3）逻辑起点也应该是历史的起点。"② 费尔巴哈仅仅承认人是"感性的对象"，却割裂了或者说没有处理好作为"感性的对象"的人及其同样具有客观真实性的"感性的活动"之间的关系，也就无法做到从实践（特别是物质生产活动）的意义上来辩证地把握、分析和

---

① 汪馥郁、郎好成主编：《实用逻辑学词典》，冶金工业出版社1990年版，第177页。

② 景天魁：《社会发展的时空结构》，黑龙江人民出版社2002年版，第4页。

理解"真实存在着的、活动的人"。这对于德育逻辑起点问题的把握提供了警示作用和借鉴意义，作为德育逻辑起点的人不仅是"感性的对象"，而且是从事"感性的活动"的人。

通过比对学者们对德育逻辑起点的不同定义及内涵解读，可以发现其中普遍包含"人"这一共同相关因子。道德是德育概念体系的重要内容，道德的主体是人，德育实践的主体双方也是人；道德、教育、德育都是与人类史相伴始终的人的存在方式，从"人"出发寻找德育逻辑起点的方向无疑是准确的，但从将德育作为学科的高度来看，学者们对德育逻辑起点的定位尚存在具体分歧，大体可归为以下三种情况。

（一）以人的"片面"作为德育的逻辑起点

这里所谓人的"片面"是指从人的整体性存在中剥离出人的片面存在方式作为德育的逻辑起点或者以人的能力属性的抽象作为德育的起点，将德育的逻辑起点归为人的政治社会化[①]、人格[②]、人性[③]、思想与行为[④]、意志[⑤]、身体[⑥]等。

上述以人的"片面"为德育逻辑起点的学术观点中，不乏见地独到、论证鞭辟入里者，有些可以作为德育内化外化理论的逻辑起点（如思想与行为），或者可以作为德育中某方面内容的逻辑起点，如人的政治社会化可以作为政治观教育的逻辑起点，人性可以作为

① 刘鑫淼：《关于思想政治教育学科发展的哲学思考》，《江苏高教》2011年第2期。

② 石海泉：《浅析思想政治教育的逻辑起点》，《才智》2010年第8期。

③ 梁德友：《思想政治教育价值的人性论视角》，《学校党建与思想教育》2008年第1期。

④ 徐志远：《思想与行为：思想政治教育学的逻辑起点》，《中国青年政治学院学报》2004年第2期。

⑤ 刘近：《思想政治教育学逻辑起点研究述评——兼论意志：思想政治教育学的逻辑起点》，《长春工业大学学报（高教研究版）》2010年第1期。

⑥ 李储涛：《身体：道德教育的逻辑起点》，《当代教育科学》2012年第12期。

道德观教育的逻辑起点，身体可以作为生命伦理教育的逻辑起点，但用以作为学科高度的德育的逻辑起点，则有待商榷。

（二）以"人"为德育的逻辑起点

多数学者认为马克思的"现实的人"是德育的逻辑起点，但是对"现实的人"有不同解读。有的认为"现实的人"是"有生命的个人"①。有的强调"现实的人"是有生物性又有社会性的独立的个体或群体，而不是社会中具体的单个个体；② 有的指出"现实的人"就是"活生生的人""具体的人"而不应是"抽象的人"③；而有学者则指明这个逻辑起点是广义上的"一切人"，具体包括三种人，即抽象的人、全面发展的人、自我实现的人④。

上述认为"现实的人"构成德育逻辑起点的文章，虽然在对现实的人的界说中普遍采取马克思"现实的人"的含义，但在行文论述中大多又背离了马克思"现实的人"的本质规定性和全部内涵，片面强调"人的现实"和"个体的人"，存在对人的社会性和抽象存在的忽视和偏离，因而当"现实的人"被狭隘置换为"现实中的人"也便不能从全部意义上和应有高度上揭示德育学的逻辑起点；将德育的逻辑起点归为"广义上的一切人"，虽然可以被解读为涵盖了"人"的全部含义，但并没有明确揭示德育语境中"人"的核心含义，因而是对德育逻辑起点的抽象不足；并且"抽象的

---

① 陈殿林、王天恩：《论思想政治教育学的逻辑起点》，《江西师范大学学报（哲学社会科学版）》2009 年第 2 期；陈飞：《马克思哲学视野中生活世界与思想政治教育》，《思想理论教育》2009 年第 7 期；王欣婷、崔华前：《思想政治教育学的逻辑起点思考》，《合肥工业大学学报（社会科学版）》2012 年第 4 期。

② 代长彬：《思想政治教育学的逻辑起点——现实的人》，《长春工业大学学报（社会科学版）》2010 年第 1 期。

③ 菅美美：《思想政治教育学的逻辑起点思考》，《经济研究导刊》2012 年第 22 期。

④ 蓝宏儒：《论思想政治教育与人的主体性发展》，《广西职业技术学院学报》2009 年第 2 期。

人""全面发展的人""自我实现的人"是通过综述部分人的观点分类归纳得来，通过有限归纳方法对一个探究式问题给出结论显然缺乏有力的真理性澄清。况且，将德育的逻辑起点归为"抽象的人""全面发展的人""自我实现的人"三种人，那么德育的逻辑起点成了一个集合概念，这又在逻辑上违背了逻辑起点的成立条件。

（三）以人所含在的关系为逻辑起点

以人的含在关系为德育的逻辑起点，具体地讲，是指在德育逻辑起点的界定中不直接指称到人，但涉及某种与人相关的关系，人作为关系的一方含在于这一关系中。类似的德育逻辑起点界定包括：人文关怀[①]、社会与思想的关系[②]、道德与人的对应关系[③]。所谓人文关怀，可以简明阐释为对"人"的关怀，那么如何界定"人"、关怀"人的什么"则构成人文关怀的核心问题，解答清楚这些问题才能最终回答"为什么人文关怀构成德育的逻辑起点"；在"社会与思想的关系""道德与人的对应关系"中，都存在一个前提预设的问题，在价值理性和工具理性两种不同的价值取向指导下，社会与思想的关系问题、道德与人的对应关系问题会有不同的解释方向，也就是说，在这个基本理念没有厘清的情况下，以"社会与思想的关系""道德与人的对应关系"为逻辑起点的德育完全有可能被引入在本质相反或相对的两种不同路径。所以，不厘清"社会与思想的关系""道德与人的内在对应关系"中"人"的定位，那么德育的逻辑终点将不知所终，也无法回到其逻辑起点，因

---

① 沈江龙、沈楚：《人文关怀：思想政治教育的逻辑起点》，《河南社会科学》2009 年第 1 期。

② 秦在东：《思想政治教育学理论结构探究》，《华东师范大学学报（人文社会科学版）》2012 年第 1 期。

③ 胡剑云：《关于德育逻辑起点的思考》，硕士学位论文，江西师范大学，2008年。

而逻辑起点便不能成其为逻辑起点。

二　"人的文化性存在"：一种大学德育逻辑起点的见解

兼顾到人作为感性主体和主体以感性活动作为存在方式的同等重要的双重本质，本书结合德育学科的特殊性和现实性提出"人的文化性存在"作为大学德育逻辑起点的观点。

（一）不直接采用马克思"现实的人"为德育逻辑起点的原因

在《德意志意识形态》中，马克思这样阐释"现实的人"："这种观察方法并不是没有前提的。它从现实的前提出发，它一刻也不离开这种前提。它的前提是人，但不是处在某种虚幻的离群索居和固定不变状态中的人，而是处在现实的、可以通过经验观察到的、在一定条件下进行的发展过程中的人。"① 显然，马克思的"现实的人"绝对不是具体行为（尤其是个体随意和任意行为）中的人，在其真正本义上至少同时具有历史性和社会性。

马克思"现实的人"可以为一切社会学科在"人"的认识问题上提供人学指导，也可以作为一切以"人"为逻辑起点的人文社会学科在逻辑起点问题上的典范表意。正因如此，以"人"为逻辑起点的具体学科如果都取马克思"现实的人"之意则取消了本学科逻辑起点的特有内涵，放弃了学科自觉。更何况马克思对"现实的人"的认识和理解，经历过前后不同的发展时期。鉴于此，本书认为"现实的人"应该作为德育逻辑起点的哲学指导，德育在逻辑起点问题上应该在此原则下做切合本学科的具体的深入的探讨，而不适合原样照搬马克思"现实的人"为德育学科自己的逻辑起点。以下是本书不建议以马克思"现实的人"——尤其是简单以"现实的人"——作为德育逻辑起点的原因陈述：

----

① 《马克思恩格斯全集》第 1 卷，人民出版社 2009 年版，第 525 页。

　　首先，马克思初期"现实的人"与费尔巴哈的"现实的人"之间的关联。费尔巴哈也有关于"现实的人"的表述，但与一般所言的发生辩证唯物主义与历史唯物主义转变之后马克思的"现实的人"是不同的。虽然马克思在初期受到费尔巴哈在这一观点上的影响，对此表示过赞同，但他在最后和根本意义上突破了费尔巴哈实际上对人的、仍然属于"抽象的人"的表述。马克思在与费尔巴哈的通信中说，"您（我不知道是否有意地）给社会主义提供了哲学基础，而共产主义者也就立刻这样理解了您的著作。建立在人们的现实差别基础上的人与人的统一，从抽象的天上降到现实的地上的人类概念，——如果不是社会的概念，那是什么呢！"① 从中可见，费尔巴哈对人的认识的"现实"性，是"从抽象的天上降到现实的地上"而已，只不过体现着唯物主义对唯心主义体系的批判和突破；并且他不仅将人类概念"从抽象的天上降到现实的地上"，甚至回归到人的自然本性去阐发人的类生活，而且他将人的类概念解释为人的彼此共存的相互需要，进而甚至把类概念简单归为人的自然必然性，则将这一观点的不彻底的唯物主义局限性暴露无遗。在一段时间（具体地说，是《神圣家族》时期），马克思对人的理解，恰恰自觉不自觉地受到费氏"以自然为基础现实的人"的影响，将这一观点当作唯一可接受的哲学基础，也就是说，那时马克思对人的理解与费尔巴哈的观点是相关联的，他有所保留地认同的"以自然为基础的现实的人"在本质上依然是"一种内在的、无声的、把许多个人纯粹自然地联系起来的普遍性"②，在最终本质上还是"抽象的人"。

　　其次，马克思"现实的人"理论的后期嬗变。当马克思找到

---

① 《马克思恩格斯全集》第 27 卷，人民出版社 1972 年版，第 450 页。
② 《马克思恩格斯全集》第 1 卷，人民出版社 2009 年版，第 505 页。

"劳动"作为人的类本质的揭示，人类概念就突破了早期影响马克思的费尔巴哈所谓"现实的人"的"自然必然性"的单一维度，而开始了"社会必然性"的觉醒。在《关于费尔巴哈的提纲》中，马克思通过对费尔巴哈的批判完成了自己与费氏不同的对人的理解。马克思从劳动和生产关系入手分析人的本质，"费尔巴哈停止理论探索的地点恰恰是马克思进一步理论探索的起点"①。费尔巴哈也曾经认识到人也是"感性对象"，可是他在他的理论中始终无法落实人作为"感性对象"的真实性和现实性，"从来没有看到现实存在着的、活动的人，而是停留在抽象的'人'，并且仅仅限于在感情范围内承认'现实的、单个的、肉体的人'，也就是说，除了爱与友情，而且是理想化了的爱与友情以外，他不知道'人与人之间'还有什么其他的'人的关系'"②。费尔巴哈及以其为代表的"半截子"唯物主义无法超脱这一学术宿命，他们只能保证在世界观上唯物的立场，已进入到内容丰富、机制复杂的历史观，就又不可避免地扎进唯心主义阵营当中去。对费尔巴哈深刻的批判表明，马克思《关于费尔巴哈的提纲》一文中已经彻底摒弃了费氏基于和等同"自然必然性"的"现实的人"，把人明确理解为"现实的人"，而不再仅仅是"抽象的人"。后来马克思发生观念转变并突破费尔巴哈的机械唯物主义之后进一步准确提出的"现实的人"，与其早期在一定程度上赞同过的费尔巴哈的"现实的人"有不同的本质含义。

最后，马克思人学观的理论指导意义和统领地位。即使在马克思主义唯物史观的科学含义下，"现实的人"仍然不适合被照搬作为德育学科的逻辑起点。马克思主义是宏观理论体系，马克思主义

---

①　王建峰：《论马克思"现实的人"产生的理论嬗变》，《河南师范大学学报（哲学社科科学版）》2010年第1期。

②　《马克思恩格斯全集》第1卷，人民出版社2009年版，第530页。

政治经济学是宏观经济学,马克思主义辩证唯物主义和历史唯物主义哲学仍然体现了宏观的自然观和社会观,马克思主义的历史观更是从人类社会发展规律的宏观角度揭示了社会形态演进规律。马克思主义人学观从实践的、历史的角度所辩证揭示的"现实的人",其"现实的人"是相对于"抽象的人"而言,是"真实地存在着的、活动的人",而且这个"现实"是宏观多维的,必然包括过去的、现在的、未来的一切"感性的对象"及其"感性的活动",既不是"抽象"的对象和"抽象"的活动,也绝不仅止于任何时间点(包括当下)的个体生命角度的对象及其活动,同样应该表征涵盖着无数个体的、总体的人类概念,当然也涵盖以实践方式存在的人在实践中的人之资格、人之尊严、人之价值、人之利益、人之需求、人之发展,凡此种种。由此可见,马克思主义对"现实的人"的高度概括作为诸多人文学科的指导是科学的、通用的。但是德育并非一门纯宏观的学问,它陈义宏观也立足微观,简单搬用马克思"现实的人"作为德育的逻辑起点,则显得语焉不详而又不合时宜了。

(二)"人的文化性存在"作为德育的逻辑起点的依据

费尔巴哈仅仅承认人是"感性的对象",却割裂了或者说没有处理好作为"感性的对象"的人及其同样具有客观真实性的"感性的活动"之间的关系,也就无法做到从实践(特别是物质生产活动)的意义上来辩证地把握、分析和理解"真实存在着的、活动的人"。这对于德育逻辑起点问题的把握提供了警示作用和借鉴意义,作为德育逻辑起点的人不仅是"感性的对象",而且是从事"感性的活动"的人。兼顾到人作为感性主体和主体以感性活动作为存在方式的同等重要的双重本质,本书结合德育学科的特殊性和现实性提出,"人的文化性存在"作为大学德育逻辑起点的观点,并依据马克思人学观进一步将原因阐述如下。

1. "人的文化性存在"作为德育逻辑起点的科学人学观依据

首先,"人的文化性存在"表明作为德育逻辑起点的"人"是"现实的人",符合马克思主义人学观的人的本质理论。人的存在与物的存在截然不同,人的存在既有对象性又有实践性,物的存在只有客观性和状态性。从语法上看,"人的文化性存在"中"人"作为"存在"的定语出现,不构成中心词,但这个偏正结构的名词短语的中心词"存在"具有特殊性,"存在"本身既是名词又包含动词性,而且在作为德育逻辑起点这一具体使用语境中、从其真实意义上,其动词性必须被充分重视而不能被抹杀,那么,毋庸置疑这个双重词性角色的"存在"一出现就立刻天然地与其动作的逻辑承担者"人"具有同时共存性。一言以蔽之,"人的文化性存在"既反映德育学科语境中人的对象性和人作为感性对象的实践性,符合马克思人学观的人的本质理论,也体现了德育作为人文社会科学学科的自身特殊性和所研究领域问题的文化关联性。

其次,为什么不采用"文化的人"表述德育逻辑起点。马克思人学观的"现实的人"的表述科学地揭示了人的本质,但任何其他以"某某的人"结构形式出现的对德育学科领域中的人的本质的表达都将不再具有任何科学性。因为德育学科研究的宗旨在于取得社会文化领域的意义,不同于其他学科如经济学、政治学等陈义在于发生经济领域和政治领域的意义,允许以"经济的人""政治的人"作为学科视域内对人的定位——即使经济学、政治学的视域中的"人",在很多时候和在最高意义上也不是局限于人的片面属性的——这里,意在强调德育作为研究的终极诉求归属于文化领域的学科,其视域中的人只能是人的全部本质而不能是片面本质;而"现实的人"之所以囊括人的全部本质,原因在于"现实"在揭示人的本质时的全面性和科学性,其他任何以"某某的人"结构形式出现的、对作为德育逻辑起点的人的本质的揭示,都将因为"某某"这一限定语对人的本质描述的片面和不周而使"某某的人"这一表述从整体结构上彻底丧失全面性和科学性,而滑向对人的本质的片面理解,最终因沦为对人的本质的片面的理性思维结果而重蹈"抽象的人"之覆辙。

再次,"人的文化性存在"作为德育的逻辑起点能够生动反映文化的丰富含义。人是"感性的对象"、人的实践是"感性的活动";文化从大的方面说是人的全部活动及其样式,从小的方面说指人的实践的结果。实践性是人存在的特征,也是文化的特征。"人的文化性存在"体现了人、人类史与文化的统一性。德国历史学家斯宾格勒认为,"离开文化的人是没有历史的,空泛地谈人类的历史是没有意义的。在文化诞生之前,人类虽然已经生活在地球上,但那时的人是没有历史的。世界历史是从文化的出现开始的,并伴随文化的结束而结束"①。从大的方面看来,文化是德育的前提和存在场域,这里的前提包括纵向维度的人的主体性活动的全部过程和横向维度的人的主体性活动的样态及成果;从小的方面看,特别是构成意识范畴的基本要素的思想观念和价值观念则归属精神活动成果,是德育的重要内容。以"人的文化性存在"作为德育的逻辑起点,这里所指涉的"人"既符合马克思"现实的人"的理路,又在"现实的人"指导下具有自身的特殊阐释,更加生动和饱满,凸显了文化与人、文化与德育的内在联系以及德育语境中"人"的特有属性。

2."人的文化性存在"作为德育逻辑起点的教育语境依据

将"人的文化性存在"作为德育逻辑起点,除了具有上述与马

---

① 郝德永:《课程与文化:一个后现代的检视》,教育科学出版社2002年版,第15页。

克思主义人学观相一致的理论和逻辑依据，在具体的德育学科领域、教育活动领域和社会文化领域也可以找到相关现实依据。

第一，人的存在与教育本体。

人的存在的文化性。在哲学上，本体与存在是具有同一性的两个互指概念，指超出"存在者"具体形式的客观实在。人的生命存在具有不确定性、未完成性和开放性，人处在不断地确证自己、完成自己的过程中，这一过程难免受到自身开放性的影响而使人处在不断的自我超越中。人的自我确认、自我完成、自我超越的全部过程及其结果构成了文化，也成就了人的文化性存在。"文化"涵盖了海德格尔所说的人之"在"的现成属性和"去在"的可能方式，既是人的活动又是人在活动中的主体性的显现。

教育本体的文化性。依据教育本体论观点，教育是"自成目的"的，教育自身即目的，人的生成就是这一过程本身。雅斯贝尔斯指出"教育即生成"，习惯和超越分别构成生成的静态形式和动态形式。① 习惯是文化的一种具体样态，人既是习惯的创造者，也是习惯的产物，从这个意义上说，人创造了文化也是文化的产物。维果茨基曾指出人有自然发展与文化发展两种发展状态，教育具有明显的主体性和主观参与性，理应归为文化发展范畴。斯普朗格也认为，"教育是文化过程"，"教育即文化的别名"②。"文化以'植入'的形式影响着个体，个体以'沉浸'的形式接受着文化。"③ 文化和人是一对具有自反性的范畴，而教育恰恰关注"人对自身'有限性''未完成性'的超越欲求和对'总体性''完整性'的

① ［德］雅斯贝尔斯：《什么是教育》，邹进译，生活·读书·新知三联书店1991年版，第14页。

② 转引自邹进《现代德国文化教育学》，山西教育出版社1992年版，第13页。

③ ［美］罗伯特·凯根：《发展的自我》，韦子木译，浙江教育出版社1999年版，第5—6页。

价值渴望"，"教育的终极关怀就在于人的文化生成"①。

第二，教育的文化本原。

基本的教育起源观点有四种：生物起源论认为人的教育现象和动物的"传授"现象没有本质区别；心理起源论认为，人类教育起源于无意识模仿；劳动起源论从恩格斯"劳动创造人本身"出发推出教育产生于劳动过程；社会生活需要起源论认为教育起源于社会文化需要和个体社会化需要。

分析之下可以发现，无论生物论的"传授"还是心理论"模仿"都是由单个人之间的行为所构成的教育现象，暂且不提二者将人的教育行为视为"本能"是否妥当，在逻辑上这两种起源说实际地将教育起源局限于教育现象的起源。劳动起源论和社会生活起源论跳脱了以狭隘的教育现象视界来考察教育起源的误区，抽象出了教育产生的主体动因，但在它们那里"需要被解释为个体社会化和社会文化的传承与发展，维护人的生产与生存"②，教育需要与教育功能相混淆，以事物的功效说明事物产生的原因，终又陷入历史决定论的目的论的误区。但是"教育的社会意义是'后天的事实'"③，而不是教育先天的本体诉求。

生物起源说和心理起源说在揭示教育现象的起源时否认了人的主观参与，强调人的"本能"，但当教育作为人的活动而被考察的时候无论如何都无法摆脱人的主观能动性，因为人就是主体性的存在，而人的有意识的活动过程和活动结果就是"文化"本身；在劳动起源论和社会需要起源论那里，教育是人的文化存在方式之一，

---

① 杨四耕：《教学理解与人文化成——教学诠释学研究》，《华东师范大学学报（教育科学版）》2004 年第 4 期。

② 孙彩平：《教育起源于人的道德——一种新的伦理视角》，《江苏教育学院学报（社会科学版）》2003 年第 2 期。

③ 张楚廷：《高等教育生命论哲学观》，《湖南文理学院学报》2005 年第 4 期。

更是不言而喻的。

第三，德育与教育的原初同一性。

杜威认为"教育即生活"，道德是生活的"构成性因素"，那么，教育的重要的目的之一必然包括培养有道德的人，道德教育构成教育应有的组成部分。不仅如此，从全部教育史来看，教育与德育都是相互交织、并存共生的。教育在原初形态阶段，除了基本生存技能的传习，教育的主要内容和最高形式都是德育。"人类只有形成一定的相互关系，才能生存和发展。为此，社会成员要遵守一定的行为准则，如服从纪律，尊敬长者。这些道德规范、风俗习惯，以至宗教禁忌等方面的经验也需要传递下去。"① 关于社会成员必须遵守的社会行为准则以及有关道德规范、礼节仪式、风俗习惯、宗教禁忌等的教育就是德育，显然这对于人区别于动物并获得人的资格和尊严来说，是更为重要的教育。

在中西教育史的初期均出现过把教育等同于道德教育的现象。古代中国教育思想中有重德的鲜明特点，这在教育目的和教育内容上都有体现。"立德"与"成德"是中国古代教育的核心价值诉求和至高宗旨，孔子门徒对他的"心向往之"、孟子的"如舜"论和荀子的"至足为圣"都表达了知识分子的"成圣"心迹，表明早在先秦时期教育就以德育为终极目标。最高学问之目的"在明明德，在亲民，在止于至善"，知识分子理想的政治人格和道德人格统一于"修身齐家治国平天下"，修齐治平的起点则在"正心、诚意、格物、致知"，古代教育这种政教合一的特性直接决定了其"读经研史、习礼、明人伦"② 的内容；在古希腊，德性教育是教

① 廖盖隆、孙连成、陈有进等编：《马克思主义百科要览·下卷》，人民日报出版社 1993 年版，第 2531 页。

② 胡发贵：《"立德"与"成德"——论中国古代教育的价值诉求》，《江苏大学学报（社会科学版）》2007 年第 4 期。

育的基本方向。德性教育思想的核心理念外化为两个根本特性"强调按照城邦共同体的要求，寻找最能维护共同体正常运行的德性"和"按照理想德性的标准和要求来塑造、培养个体，以使其成长为城邦所需要的公民"①。在德性教育思想中，德性处于核心位置，发挥着关键作用，是这一教育范式的灵魂所在。德性教育是伦理德育和理智德性的结合，是个体德性和城邦德性的统一。在"轴心国"时代的中国和古希腊，教育都体现出强烈的政治性，而德育是教育为落实社会政治需要所寻找到的相同路径，体现了中西教育发展史上将教育等同于德育的事实以及德育与教育在早期形态上的同一。

3. "人的文化性存在"作为德育逻辑起点的其他原因

第一，"人的文化性存在"与"现实的人"之间存在内在一致性。

依据马克思主义理论体系的开放性特征和马克思主义唯物辩证史观，"现实的人"是随"现实"的发展变化而不断更新其本质的，人的存在必然相应地是一个开放的、不断发展的存在——无论从个体的人还是从总体的人的角度来看，都是如此；文化是人的全部主体性存在，包括具体的人的存在和抽象的人的存在。文化具有开放性、流变性的特点，处在不断的发展和变动中，一方面文化传统作为基础条件决定着人的存在，另一方面人对文化传统有选择能力和型塑作用，二者在这种反身关系中相互影响、相互成就。在这一点上，以文化性存在的人具有"现实的人"所具有的主体性、实践性、发展性的全部特征，与"现实的人"在逻辑上是一致的。

---

① 赵义良：《古希腊德性教育思想的哲学基础与理论内涵》，《北京航空航天大学学报（社会科学版）》2011 年第 1 期。

相应地，以"现实的人"来解读德育中的"以人为本"，就应不只是个体与社会、自我价值与社会价值的关系，不只是以每个现实的个体为本，尊重个体外显的可觉察的差异性，还必然包括作为人的本质，而且更重要的是人的本质层面，这是个体的人被尊重的基础。但在众多以"现实的人"为德育逻辑起点的论述中，研究者普遍关注个体"自身的需要、成长、发展""切身利益"而不是与其作为人的资格相联系、相一致，仍然是本末倒置的、德育工具理性的体现。只从"个体"与"社会"的角度对待"人"是不够的。德育的内在价值在于引导人发现其作为人的本性，使人取得成为人的资格，按照人的样子生存和发展。所以，片面理解的现实的人只能是出发点，而不是逻辑起点，因为依据马克思关于逻辑起点的观点：逻辑起点和逻辑终点是辩证统一的。

第二，逻辑起点与逻辑终点的统一。

正如马克思指出的："每一点同时表现为起点和终点，只有在它表现为终点的时候，它才表现为起点"[1]，所有的理论和学科在逻辑起点界定中都应遵循这一原则，即德育的逻辑起点同时也构成其逻辑终点，只有沿着这样完成了的闭合的逻辑环，现实的德育活动才能取得逻辑允许和逻辑保障，才能得以循环往复，并伴随人类社会不断发展和人的本质不断丰富而使自身效能在波浪式前进中呈现螺旋式上升趋势。德育的逻辑起点和逻辑终点要包含对个体的关注，同时也要包括对超越个体的"类"本质的观照，这是必需的，也是必然的。只有在对二者辩证统一的关怀中，个体和"类"的本质才能够共同得以持续。因为在绝对的意义上个体与个体之间处在对立关系中，仅以个体的人为逻辑起点是对个体的人自身的反动。而文化恰恰既是类群的存在也有个体的痕迹，既是类群和个体共同

---

① 《马克思恩格斯全集》第 46 卷（上册），人民出版社 1979 年版，第 152 页。

的前提条件也是二者共同的主体性存在的结果，文化本身就为个体与类群的统一、抽象的人与"现实的人"的统一提供了可能性和现实性。

第 二 章

大学德育的工具性出离

　　大学德育文化属性中外在工具性和内在价值性之间的失重，在现实德育运行中表现为工具性的出离，德育侧重于对学生作为"经济人""政治人"等身份角色及相应能力素质的培育。德育的工具取向是社会历史发展进程中的客观阶段性特征，有其存在的必然性一面。结合我国德育实际来看，在德育工具性出离的诸多现象中，泛教化的特征又较为具有代表性，这一特征又有中国社会特定的传统与当代的社会历史根源。新文化运动发出"全盘西化"的现代化先声，与以宗法制为核心的社会文化传统彻底决裂，但这并没有真正使中国社会摆脱文化困局。人民民主政权的诞生建立起了与之相应的文化形态，无疑地，这个内部协调统一的政治与文化体系同上一个稳定的政治与文化系统之间存在着断裂。尤其在文化上，新的文化体系背弃了此前的传统文化体系，同时却遭受着来自一个在数量和力量上都占优势的外部对立阵营的敌视和挤压。"文化大革命"时期的反封建清算和改革开放初期"走向蔚蓝色文明"的文化尝试，反而因为传统纽带的撕裂而造成社会成员在高速的世界现代化进程和激烈的全球化冲突中日愈升级的文化迷惘。当前大学德育工具性出离的问题，客观上是全球范围时代潮流裹挟和文化传统存续的共同结果。

第一节　大学德育的泛教化特征

人的主体性的生成过程离不开恰当的外在方式和对恰当外"物"的假借，但"外在"和"外物"必须尊重和服从于主体性及其需要和选择，一旦"外在"和"外物"僭越适当的度，就会出现对主体性的违背甚至侵犯。在这个意义上看，如若大学德育的内容和方式作为大学生主体性生成的具体外在因素而与大学生主体性生成发生对立或背反，那么大学德育就会陷入工具化的误区。我国大学德育的文化失落与工具取向共同构成了其特征的一体两面，而与工具化取向相伴生的诸弊端中，大学德育泛教化问题具有代表性。

一　大学德育泛教化的现实体现

中华人民共和国成立以来的几十年间，德育历来受到各级学校教育的重视，大学德育也以其高规格的领导体制、体系化的管理网络、无所不包的目标定位和面面俱到的实施途径，屡见于教育法规、政策文件和领导人重要讲话等关于教育的表述中。然而，大学德育曾经长期普遍存在的泛教化与价值失真的负面影响几经努力至今仍未消除。

从德育作为社会科学学科来看，社会科学是无法截然划分各自的域限的，比如伦理、哲学、政治之间就存在着现实的交叉。在德育领域中，政治思想与道德素质也存在交叉，政治思想构成道德状况的现实组成部分，政治观是道德观的一项重要内容，德育不可避免地受到政治的影响；从德育作为社会历史现象的性质而言，任何历史阶段占统治地位的道德都是统治阶级的道德，德育在阶级社会中是同阶级性紧密相连的，一切道德观念、道德规范都是社会发展状况的产物。可是，政治与德育的恰当距离，恰恰是德育能够落实政治期望又不至于节外生枝产生负面效应的前提。然而，长期以来我国德育面临政治教育"方向""统帅"与"灵魂"地位的挤压，政治意识形态向青年学生过度渗透，德育在教育中占据首位在很大程度上其实是政治思想教育占据首位。学校教育各阶段对学生的学期评价和毕业评价普遍都将"热爱中国共产党和社会主义"等关于政治思想的评价置于首位。

　　到了高等教育阶段，大学德育没能按照德育对象在教育序列中的高阶性特点和大学自身作为文化组织的身份特征，对在基础教育中普遍存在德育模式做出相应调整，反而泛教化的价值取向愈加明显。大学德育仍然以体现为抽象知识的既定社会道德规范为内容，以单向度的伦理知识灌输为主要方法，以课程考试或操行评定为效能评估方式，没能将社会规范和国家政治主张以生活为依托、以文化为载体正确表达和恰当传输给学生，既脱离了现实生活世界的真实性又没能充分展现主流理论的价值真理性，没能"关心每一人独特的生长环境"，"关心他们（大学生）的内心潜藏着的愿望、热情等现实生命冲动所指的方向"[1]。大学德育如果不尊重青年学生的理性道德判断和自主道德选择，强势地向个体进行道德灌输和专断地支配个体的道德选择，其方法正确性和目的正当性必然引起质疑。好比普罗克拉斯提斯之床，虽然以"铁床"为标准拉长或斩短"矮个子"与"高个子"，使之与铁床相配，但那些"脆弱"的家伙们也再无生气。大学德育一旦出离人性，挟制个体的道德理性和道德选择，使个体任由他人意志摆布，用有道德瑕疵的手段去实现高尚的道德，也无法避免最终导致更大的不道德，这是道德手段与目的的悖论，也是德育实效与德育目标背反的根源。同时，这种对

---

① 高德胜：《割裂的现代德育》，《上海教育科研》2000 年第 6 期。

人性认识的不充分和对人性价值的不尊重，也将导致个体对社会道德规范的漠视和抵触。

二　大学德育泛教化的特征

学校德育的泛教化直接导致了德育价值失真。德育价值失真，是德育的内容、目标与德育所传达的期待、要求等相对于学生个体发展需求及社会现实状况之间的不协调、不一致而言的，指德育强调的价值观与社会和学生发展所需求的价值观存在矛盾和冲突、价值灌输脱离学生生活需要、道德期待过高、道德教育拔高而违背道德发展规律的现象。在泛教化的德育取向下，道德失真极易导致道德拔高和人性疏离，而离开了人格保障的政治忠诚并不可靠，这将最终导致德育因违背道德规律而无法实现德育所承载的带有政治考量的育人目标。

（一）道德拔高

崇尚英雄主义，违背德育层次性原则。德育对象道德水平发展的阶段性和差异性是客观存在的，而且构成德育赖以存在的基础和前提，这决定德育的目标和内容都应该具有相应的层次性，对特定社会成员与普通社会成员、对道德水平成熟程度高与正处在道德成熟过程中的不同德育对象，有必要采取不同层次的道德教育。任何社会都会有道德崇高的人成为社会的精神楷模，任何社会也都会以崇高的道德品质鼓舞和影响人们的思想感情、行为方式。但是，如果把道德标准提高到远远超过人们生活现实的高度，并试图以这种崇高道德去衡量和约束人们，则显然是不妥当的。我国道德教育的固定模式太执着于"成圣"，忽视基本德性的培养，在道德水平问题上求全责备，将道德等同于美德，期待所有社会成员的道德都定位于圣人和英雄，以奉献与牺牲为导向，强调"大公无私"，从古代到当代的道德楷模都以"无我"为最高的道德境界，把道德的核心定义为"自我牺牲"。于是，德育所宣扬的道德典型集中体现为以下几种类型："（1）'有病不看型'——如因工作繁忙之类的原因，为不耽误工作而有病不看，最后延误病情而昏倒在工作岗位上甚至壮烈牺牲。（2）'不回家过节型'——如为了加班、加点或为了关照他人，连续若干个春节放弃与家人团聚的机会而在工作岗位上度过。（3）'不顾家人型'——如由于工作忙，父母病危、去世而不去探望或奔丧，或者妻子生产不去陪伴，或者家人生病而未及时送医院就诊而耽误病情甚至造成终生遗憾。（4）'发扬风格型'——如把本该属于自己的利益和荣誉让给他人，把本该由他人承担的错误和责任揽在自己名下。"[1] 上述几种类型在实质上都将自身成绩、价值、利益、生命甚至亲情与家庭义务置于"道德"的对立面，恰恰否定了某些人世间、人生中最有价值的、最富情感与意义的东西。

道德拔高极端化为德育的常态和导向之后，必然导致对德育层次性原则的违背。社会范围内将"道德"等同于"美德"的普遍舆论导向误区，在学校德育中更加集中地体现为一方面以"高标准""严要求"更苛刻的标尺去衡量学生，另一方面体现为以"主义"为主要内容的政治理论灌输较早地出现在基础教育低学段德育中，一直延续到高等教育阶段仍然未发生行之有效的调整和增强，实际上并不见得有利于落实大学德育中包含的政治思想教育。

（二）人性疏离

忽视德育生活中人的德性培养，违背道德的基础性原则。当德育陈义过高的时候，"高瞻远瞩"的前瞻性和策略性优势也会带来

---

① 扈中平：《对道德的核心和道德教育的重新思考》，《华东师范大学学报（教育科学版）》2001 年第 2 期。

"好高骛远"的务虚和违背现实、违背教育规律的弊端，忽视现实生活中诸多德育素材和德育契机。学校德育无疑承担着为国家和社会培养符合预期的成员这一重要任务。但为了培养合乎社会规范、具有较高政治觉悟和良好道德素养的合格社会成员，而背离德育的育人宗旨，在德育中时常援引极端和偏执的典型事例；为教育学生成为"成功"的人，而在德育中体现出鄙视当前生活、否定个体尊严的倾向……这些把道德品质与生活本身割裂开来的方式方法，严重偏离了生活世界的实际和学生个体发展需要。一忽以国家意识形态代言人的形象在学习目的问题上呼喊"振兴中华"的口号，一忽在学习勤奋程度上，宣扬"悬梁刺股""囊萤映雪"等极端的事例，不仅标榜用牺牲当下的生活来换取未来并不确定的"好生活"的有违人性的方式，而且完全违背教育规律，全然无助于激发学生对真理的热爱和好奇，无助于鼓励学生从探求知识的奥秘中获得乐趣、愉悦和成就感，无助于学生进一步放逐心灵和头脑进行精神探险。

良好道德素质的养成必然不能缺少树立正确的道德认知作为前提，必要的灌输也是德育中不可或缺的环节和步骤，但良好道德素质是由道德认知、道德行为、道德情感、道德习惯、道德信念、道德意志一系列完整要素构成的，其中道德实践尤其对形成道德习惯、培养道德情感和确立道德意志、道德信念具有更大的影响力。而一个人的道德素质更主要地是在道德行为中折射出来、在道德习惯和道德意志中展现出来，良好道德习惯和坚定道德意志需要长期道德实践的锻造，道德认知如果缺少了中间一系列的淬炼是不会直接生成德育预期的道德行为的。生命价值与生活价值在与道德的关系中并不存在必然的冲突与对立，健康、幸福、惊奇、希望、荣誉等自足型价值在培养学生形成合理价值观的过程中同样非常有意义。

三 大学德育泛教化的负面影响

泛教化特征的道德教育建立在整体性存在的基础上，主要维护的是没有个体独立性、存在于人对人的依赖关系中的整体性，以及体现这种整体性存在的社会制度、社会秩序与一切行为规范。这种取向的道德教育要求建构一种以服从和遵守为主要特征的整体主义人格，弱化了道德的本体价值和独立品格，存在一定的负面影响。

首先，消解真正意义上的道德教育的效果。泛教化的德育更偏重于将普遍的"正确"和"应该"传输给受教育者，而对个体处理现实道德冲突、做出道德选择、形成道德人格的过程不够重视。这种德育取向容易导致受教育者对社会整体取向或整体性问题过分敏感，而在典型道德现象、具体道德问题方面出现道德认知不足和道德判断含糊的问题。大学德育一旦仅仅以整体性、群体性、基本层面的道德规范和道德秩序为关注的焦点，就容易在个体道德判断、道德选择、道德行为等受教育者主体和主观方面有所疏忽。尤其是道德抉择和道德坚守方面的弱化，很不利于形成一种现代生活所必需的国民基础道德。现实道德教育实效不高的情况，与道德教育的泛教化特征有着直接的关系。

其次，泛教化的德育影响受教育者道德人格和道德行为养成。德育的泛教化倾向会给德育赋予很强的权威性，使得受教育者在道德教育整体系统和道德教育活动中处于经常的紧张和敏感状态，对道德领域有关问题的关注集中在事关宏旨的一类上，倾向于侧重思想、观念等形而上的道德表现形式，而对道德行为主体在道德实践中的具体选择方式和行为方式关注不够，最终在调动青年学生的道德热忱方面起到明显效果，但在真正的道德情感和道德参与方面则效果不明显。道德教育是使人的道德形成的教育，"从根本旨归上说是成人（使人成为人）的教育，就其具体目标来说是成就人的德性的教育"①。也就是说，道德教育的最终目的是生成有德性的人，而不是培养成一个个具备丰富的伦理学知识的理论家、学者。

第二节　大学德育泛教化的历史成因

从历史传统层面看，我国传统道德教化中的"政教合一"特征及其当代影响是我国大学德育泛教化的文化传统渊源。此外，我国大学德育泛教化还具有深层社会动因和哲学方法论根源。在辩证唯物主义和历史唯物主义的立场上，上层建筑与经济基础之间的关系构成社会生活领域一切问题的根本决定因素。而依据辩证唯物主义和历史唯物主义的观点，政治是经济的集中体现，政治与经济的这层关系在上层建筑与生产力的关系中得以折射。故此，属于社会上层建筑领域的德育显然要定位在政治领域，皈依政治属性，体现政治功能。这成为德育政治化的理论依据，也即大学德育泛教化的哲学方法论根源所在。从根本上说，学校德育泛教化的问题是大学德育文化属性失重的现实体现。

一　大学德育泛教化的文化传统渊源

泛教化在我国传统道德教化中由来已久，在中国古代一元论和精神意志论占主导的文化传统中，"政教合一"与"以德育代教育"的局面一直存在。我国大学德育泛教化的渊源就在于数千年的政治本位的中国道德文化传统，这种道德文化从整体样貌上看是一种政治道德文化。我国古代学校德育包括对社会中坚分子的精英教育都集中以德育的形式实施，在儒家处于我国古代文化中的核心地

---

① 鲁洁：《关系中的人：当代道德教育的一种人学探讨》，《教育研究》2002 年第 1 期。

位的情况下，德育以社会为本位，以"明人伦"为旨趣，以"克己""修身"为轴心，最终实现"内圣外王"的理想人格；德育的组织以社会因素为主导，有意识地在教育活动中进行全方位渗透，并且知识教学与道德教化相统一；德育要求依教育阶段的不同而不同，在高级阶段侧重道德品质的自我修养和道德境界的自我提升，并以齐家治国平天下为实践目标。[①]"修齐治平"是中国古代知识分子的最高政治理想，也是他们的最高道德理想，也体现了中国古代知识分子理想的道德人格和政治人格的最高整合。就传统中国社会而言，在我国古代的泛教化道德教育尤其是在高级阶段的教育中，儒家所提倡的高尚道德品质与社会模式及社会运行之间存在一定适切性，这是中国古代社会繁荣与完备的条件之一，也是中国古代社会虽腐朽而未内部瓦解的原因之一。

（一）中国传统社会政教合一的内涵及教育影响

"政"与"教"代表两个不同的价值系统，"政"是政治的意思，属于政治权力系统；"教"是教化的意思，在我国古代传统社会尤其对应以道德教化为核心的文化系统。梁漱溟这样解读"政教合一"："助人生向上的事情亦由最高有力的团体来做，这就叫作政教合一。"[②]中国传统社会政教合一的体制建立在"以吏为师"的前提下，"吏"所具有的政治职业身份决定了包括道德教育在内的一切教化活动都体现出政治化的特征。这决定了政教合一是政治与教化互相寓于对方之中，政治与道德互为前提、互为支撑，互相解说和互相替对方辩护的局面。从教育的视角来看，教从政出，教育从目的到内容都被赋予极强的国家功利主义价值，体现出浓厚的政治化色彩。

---

① 郑航：《中国近代德育课程史》，人民教育出版社 2004 年版，第 22 页。
② 《梁漱溟全集》（第 5 卷），山东人民出版社 1989 年版，第 692 页。

中国的文化传统注重整体和谐，整体和谐要求依靠伦理道德来协调社会人际关系。孔子有重视道德教育的思想；孟子继承和延续了这一观点，认为教育的目的是"明人伦"，即体认道德准则；董仲舒进一步完善严密封建礼制的体系，建构了三纲五常为核心的道德教育体系，约束所有社会成员的行为；之后的历代儒家学者都重视和强调道德在人才培养中的地位。以"重伦理"为手段，达到"重政治"的目的，本质依然在于为政治服务。政治道德化和道德政治化作为重政治与重伦理的统一构成，这是我国泛教化教育文化的社会道德典型。

（二）政教合一体制的文化传统脉络

我国古代大学德育的思想与实践深刻反映着儒学治平为本、尚仁贵和的文化精髓，秦汉以降两千多年的封建社会中，不同的历史时期有不同的大学德育形态，但儒家德育思想始终居于社会伦理学说的主导地位，虽万变而终不离其宗，曾为"维系中国古代道德社会平衡的一剂良药"①。因此，把握儒家的大学德育理论与实践对于通观我国古代大学德育的文化样貌与文化线索具有典型意义，弄清了儒家教育中"政教合一"的确立及嬗变，就从根本上抓住了中国古代以儒家为主体的大学德育基本形态。

1. 在先秦时期教育中的体现

夏朝时期，国家出现，并逐渐产生对治国人才的需求，专门化的教育机构应运而生。夏、商以及西周的学校由国家控制，学在官府，官师一体，政教合一。西周以后我国古代的政治、经济、文化发展到了奴隶制社会的高峰，文化教育也有了突破性的进展。这一时期在教育思想上从尊神开始转向对人的价值的认识，提出了"敬

---

① 王治军：《中国古代社会形态与课程的关系》，载杨玉厚《中国课程变革研究》，陕西人民教育出版社 1993 年版，第 54 页。

德保民"的教育主导思想，开"六艺"教育思想之先河，提倡"尊贤礼士"，主张"修德""节性"以加强人的修养。[①] 西周教育思想的发展，奠定了我国高等教育"经世致用"的世俗性特色的理论基础。西周末期诸侯纷争，官学废止，文化下移，私学兴起，形成我国历史上第一次学术文化发展高潮，道德教育思想也展现"百家争鸣"局面。儒家学派创始人孔子不仅充分重视教育在社会发展与人的发展中的双重重要作用，并形成对教育体系较为完整的看法，吸收融合其他家思想，形成具有现实意义和实用价值的文化学派。

春秋末期我国奴隶制濒临崩溃，生产斗争和阶级斗争日趋激烈，西周时期集大成的礼制文德遭遇根本破坏，社会面临"礼崩乐坏"无以为继的局面，人与人之间的关系愈发尖锐、复杂。如何改变这种人际关系的状况，平复社会动荡，成为摆在教育之前的重大课题。针对当时社会实际，孔子创立儒家学说，并致力于使之成为解决社会矛盾的救世良方。孔子所创立的儒学，后来成为几千年中华文化的重要源头和贯穿我国全部封建社会历程的价值标准和伦理规范，构成中华民族传统文化的基本精神内核。

孔子作为儒家始祖，提出过一系列道德条目。孔子的道德条目是围绕着"仁"和"礼"扩展开来的。"仁"有三方面基本含义：一是仁爱；二是道德意识；三是最高政治目标。"礼"也包括三个方面含义：一是泛指殷周以来的社会制度；二是相关仪礼；三是谦恭礼让等行为。

《论语·先进》记载："子曰：'从我于陈蔡者，毕不及门也。'德行：颜渊、闵子骞、冉伯牛、仲弓。言语：宰我、子贡。政事：

---

① 王炳照、阎国华：《中国教育思想通史》第 1 卷，湖南教育出版社 1994 年版，第 2 页。

冉有、季路。文学:子游、子夏。"学者们普遍据此认为孔门四科(德行、言语、政事、文学)构成孔子的高等教育内容,这四门学问确乎不同于现代意义的"学科",仍然构成一个整体。我国古代高等教育不仅仅表现为一个知识体系的学习,它是与"圣贤"的德育目标密切关联,"所学唯在于心","志于学"就是"志于道""志于仁"①。"圣贤"构成先秦儒家理想德育目标,这一目标内在地包含着"圣"与"贤"两个层次。圣人是儒家最高的理想人格,是封建时代德育的最高目标,我国古代大学德育的传统就是"成圣";贤人是比圣人低一层次的德育目标,也有较高的德行和才能上要求。

孟子继承了孔子的德育思想,提出"仁""义""礼""智"四德并论,"仁、义"居于前列。孟子把"仁"和"义"作为人们做人、行道的准则,曾说"仁,人心也;义,人路也","仁"统帅人心,应成为人们内心的道德意识;"义"体现"人路",应该成为人们共同遵循的道德规范。孟子首次提出了"父子有亲,君臣有义,夫妇有别,长幼有序,朋友有信"的"五伦"道德规范,后来演变为中国古代社会"三纲五常"的封建礼教核心。

荀子是继孟子之后,儒学的代表人物。不同于孔孟的先验主义的道德论,荀子明确提出了"礼""义"等道德规范是后天人为的结果,强调后天的习染作用,符合唯物主义的认识原则。荀子突出"礼"的社会功用,认为道德教育的力量是军事手段无法达成的,他还在"礼"的统帅之下,提出忠、孝、悌、慈、惠等体现礼之原则的道德条目。荀子重视"礼",存在以下原因:一是"反本成末"的需要。在荀子看来,"君子处仁以义,然后仁也;行义以礼,然后义也;制礼反本成末,然后礼也。三者皆通也","礼"是践

---

① 涂又光:《中国高等教育史论》,湖北教育出版社 1997 年版,第 18—19 页。

行"仁""义"道德原则的前提和基础。这就是说，"仁""义"虽然高于"礼"，但要实践"仁""义"，就要从"礼"做起。二是维护封建等级秩序的需要。荀子提出，"礼者，贵贱有等，长幼有差，贫、富、贵、贱皆有称者也"。

从上述对先秦儒家代表人物的德育思想理论分析中可以发现：一是他们基本是站在统治阶级立场，强调人们对道德的遵守，突出道德规范的强制性；二是先秦儒家的德育模式是一种规范模式，不是具体地规范人的行为，而是从个体道德修养和社会政治运行的最高层次上去约束人。

2. 在先秦时期教育中的体现

孔子所处的时代是战祸纷争，政治动荡，学术争鸣的时代。孔子创立的儒学德育模式最终并未能付诸实践。西汉时，董仲舒建议武帝"诸不在六艺之科、孔子之术者，皆绝其道，勿使并进"。经过董仲舒改造孔子"仁学"及推行一系列行政命令，儒学教育模式得以真正落实，确立儒学在我国封建社会的正统地位。至此，封建社会的儒学德育格局初具规模。

世袭、捐资及察举是汉初主要的人才选拔形式，董仲舒针对官僚结构混乱和官员素质低下而提出"养士之大者，莫大乎太学。太学者，贤士之所关也，教化之本原也"。汉武帝采纳董仲舒的建议，设立太学。汉代太学对后世大学教育包括德育传统产生了深远的影响。

董仲舒以儒家伦理纲常思想为骨干，杂糅战国末年兴起的阴阳五行学说中的神秘主义思想，合成"天意""天道"，提出了"天人感应"论，以阴阳定位来区分不同角色的人在伦常关系中的尊卑位置，从理论上确立了封建君权、父权、夫权的绝对权威，又将三者限定在"天"的范围内。尽管董仲舒的思想与先秦儒学之间存在着较大差异，但从根本上保留先秦儒学的基本精神，对我国古代的德育文化产生深刻的影响。"天人感应"的德育图式强调"孝悌",继而推及"忠恕",认为以"孝"为起点,严格遵守三纲五常,遵从超越个性的封建社会统治秩序,即可完善个体人格。董仲舒使得"臣忠,子孝,君明,父慈"的恒定法则正式开始在民族文化心理中确立起来,代代相传于我国整个封建社会过程中,而我国古代大学德育正是在此基础上基本定型。

董仲舒提出"正其义不谋其利;明其道不计其功"的重义轻利思想。中国古代教育在本质上是道德教育,这由中国古代社会的生产方式决定,但无可否认先秦儒学以及董仲舒的教育思想在其中推波助澜的成分。

汉武帝采纳了董仲舒提出的三项文化教育政策:罢黜百家,独尊儒术;兴太学以养士;重选举以取士。"罢黜百家,独尊儒术"使先秦儒学得到封建统治者的正式认可,"仁"和"礼"为主要内容的德育继续成为封建社会教育的主体,儒家经典顺理成章地成为主要德育教材。董仲舒认为教育的内容应是诗、书、礼、乐、易、春秋,他在《玉杯篇》中说:"诗书序其志,礼乐纯其养,易、春秋明其知。"这即是六学,"六学皆大而各有所长",即各有特殊的作用;重选举以取士,董仲舒要求"选用'德育之官',而不可'独任执法之吏',建立由'孝悌'读书出身和推荐考核的选拔官吏制度",以便稳定地获得维护封建统治所需要的人才;[①] 兴太学以养士,董仲舒认为,兴办太学是朝廷求得贤才最根本、最可靠的办法。

综上所述,董仲舒继承了先秦儒学的基本精神,极力迎合封建统治者维护、巩固封建政权的目的,奠定儒学在我国两千多年封建

---

① 方非环:《论儒家的"仁学"思想与中国古代德育教育基本框架》,《上海理工大学学报(社会科学版)》2001年第1期。

社会的正统地位，从而完成了我国古代大学德育的"政教合一"的基本结构。

3. 在宋明时期教育中的体现

在两汉之后的魏晋和隋唐时期，儒学曾受到过玄学、佛教和道教的冲击。魏晋时期玄学盛行，佛教广泛传播，儒学退居次要位置，但统治者还是青睐儒学经术在政治上的支持作用。此外，为了笼络汉族地主和知识分子，统治者还没有用玄学更不敢用外来的佛教与迷信的道教作为选拔人才的考试内容；唐朝统治者为借神权巩固皇权，而大力提倡老子学说，实行儒、释、道并举的教育政策，佛教、道教的教学内容、方式和组织管理为以后书院的产生奠定了基础。总的看来，以儒家教育体系仍然在实质上构成隋唐时期教育的核心，儒学的地位再次显著地提高。

两宋时期的阶级斗争和民族矛盾加剧，统治者推行儒、释、道三教融合的政策。在此情况下，儒学不断吸收佛、道的思辨理论以充实自身在本体论方面的缺陷。宋代儒学者们纷纷抛弃传统训诂、义疏，转向儒学经典著作，阐释人们的本性与命运。因此，宋明儒学称"性理之学"，即"理学"。

宋明两代理学发达，周敦颐是理学的开山鼻祖，他首先把佛教和道教的禁欲主义与封建礼教结合起来以培养人们既做忠臣孝子又心境平和。宋明理学的代表人物是二程、朱熹、陆九渊、王守仁，可以概括为"程朱陆王"。程颢和程颐明确了人性与天理相一致的思想，在他们那里，教育即是"存天理、灭人欲"；朱熹将儒学发展创新，完成了庞大的融自然、社会、伦理于一体的哲理化、系统化思想体系。使儒学摆脱了佛教几百年的冲击，恢复了权威和主流地位。陆九渊受孟子思想的启发，用孟子"求放心"等命题来阐发理学中"心性"的层面，使理学与道德践履的思想趋于逻辑上的统一。王守仁反省了宋代理学道德修养方法论中的理论谬误，找到了宋代理学德育哲学的症结之所在。宋明两代大儒从不同方面为构建理学理论模型奠定了基础。

宋理学提出人有"天地之性""气质之性"的区分，"天地之性"至善，"气质之性"有善、有恶，是恶的根源。所以，道德修养的途径就是"存理灭欲"，恢复人的"天地之性"而达到圣人的理想人格。宋理学还认为，人应该严格遵守封建道德规范，不断克服自身欲望，才能最终成为圣人。而至明代，王守仁看到了宋理学把人伦之理的本质混同于事物之理的本质的错误观点，否认心外有理、有事、有物，主张知行合一。

从上文的分析中我们发现先秦儒家和宋明理学都有把道德规范神圣化的倾向。但先秦儒家仅对道德规范神圣化做了朴素的说明，而宋明理学则对道德规范的神圣化作了系统的论证。从理论的特性看，先秦儒家的道德规范具有内涵深刻、外延较广的特点，为道德教育中发挥受教育者的主体性自由、自主地理解道德规范提供了空间。而宋明理学则为道德规范做出详细深刻的理论论证，限制了道德规范的内涵和外延，也在一定程度上固化和削弱了道德主体的能动性。宋明理学加强了道德规范的稳定性，有利于维护社会稳定，但道德规范僵化，无疑又阻碍思想的进步。

就封建社会而言，儒家所提倡的高尚的道德品质具有非常先进的意义，而且对于任何文明社会来说都是可资借鉴的。值得注意的是，传统道德教育中压抑个性，否定一切物质利益，甚至把物欲视为一切罪恶的源头，则是绝对化和偏颇的。

中国古代学校德育，是中国古代社会政教合一的特点在教育领域的集中体现。中国古代社会建立在小农经济、家族本位、专制政治基础之上，属于宗法等级社会，早熟的儒家伦理道德是社会的文化内核，也是整个社会得以持续稳固的基石，这决定中国古代的学校德育特别重视儒家经典，尤其重视道德行为习惯的养成和道德境界的提升；中国古代的大学德育是中国古代社会运行体系下儒家伦理文化直接影响的产物，而中国思想具有的"一天人""同真善""合知行"和"重人生而不重知识""重了悟而不重论证""既非依附科学亦不依附宗教"的特色，[①] 在某种程度上就决定着中国古代大学德育在具体内容和表现形式中体现出以下基本特点[②]：第一，以社会为本位，以"明人伦"为旨趣，以"克己""修身"为轴心，最终实现"内圣外王"的人生理想；第二，德育内容及其选择主要以儒家经典为依据，以历史为导向；第三，德育的组织以社会因素为主导，有意识地在教育活动中进行全方位渗透，并且知识教学与道德教化相统一；第四，要求因教育阶段的不同而不同，在高级阶段侧重道德品质的自我修养和道德境界的自我提升，并以齐家治国平天下为实践目标。

二　大学德育泛教化的当代历史原因

当前，我国德育中仍然存在的泛教化问题以及近年来德育领域所做的新的文化解读和所提出的新的教育尝试，都是对中华人民共和国成立以来六十多年里确立和发展起来的泛教化德育价值取向及其惯性影响的体现、反思与纠正。梳理新中国成立前后大学德育泛教化价值取向确立与发展的脉络，对于清醒认知、理智对待和有效整改当前大学德育的泛教化误区，有必要和有益的价值。

（一）中国共产党建立后到执政前的德育价值取向

以"民主与科学"为主题的新文化运动使社会思想观念展现新面貌，德育的首要内容从旧礼教转向社会理想、社会责任等内容，马克思主义发展成为影响德育的重要思潮。中国共产党成立后加强

---

① 张岱年：《中国哲学大纲》，中国社会科学出版社1982年版，第5—9页。

② 郑航：《中国近代德育课程史》，人民教育出版社2004年版，第22页。

反帝反封建的宣传鼓动工作，进一步扩大了马克思主义的影响，马克思主义经典著作同时成为德育的主要教材。

土地革命时期，这一时期是中国共产党在苏维埃地区开展根据地德育的阶段。由于处于特殊的革命和战争环境中，面临巩固和发展根据地的需要，德育在根据地是中国共产党的首要任务，这时的德育是全新的德育，主要服从和服务于革命战争需要。1934 年 1 月，毛泽东在第二次全国工农兵苏维埃代表大会上阐释了苏维埃的教育总方针："以共产主义的精神来教育广大的劳苦民众，在于使文化教育为革命战争与阶级斗争服务，在于使教育与劳动联系起来，在于使广大中国民众都成为享受文明幸福的人"①，主张使民众通过学习马列主义基本理论和中国共产党的路线转变思想，提高无产阶级革命意识。

抗日战争时期，抗日民主根据地强调教育的实效性，德育工作比较突出的是延安抗大。延安抗大的德育内容包括马列主义理论教育、思想意识教育、组织纪律教育、道德品质教育，特别是党的教育，以树立辩证唯物主义和历史唯物主义观点、提高运用马列主义分析解决问题的能力为宗旨。

解放战争阶段，中国共产党德育工作的中心有两个，一是肃清国民党负面宣传造成的消极影响，二是清除伪满奴化控制。这一阶段为宣扬中国共产党的性质及其抗战以来的功绩和立场，树立起无产阶级革命观念，主要以"新民主主义论""社会发展史""中国共产党史""辩证唯物论与历史唯物论""政治经济学"等内容开展德育。

总而观之，在根据地时期、抗日战争时期以及解放战争时期，

---

① 中共中央文献研究室、新华通讯社编：《毛泽东新闻工作文选》，新华出版社1983 年版，第 34—35 页。

中国共产党领导下的学校德育工作在方法、内容等方面做出了积极探索，收到明显效果，为革命和战争提供了一批政治思想坚定可靠的战时人才，也积累了宝贵的德育经验。但是特殊时期的现实背景也决定了当时的学校德育不可避免地带有强烈的革命性、阶级性和政治性的特点，这为后来我国德育泛教化埋下了伏笔，并在新中国成立后相当长一段时间内特定的国际国内社会形势催化下发展蔓延。

（二）中华人民共和国成立到"文革"期间的大学德育价值取向

新中国成立标志着人民从几千年封建礼制束缚中解放出来的愿望获得了政治保证，五四以后在文教界和知识分子中占主流地位的欧美文化影响让位于马克思主义社会思潮，确立了马克思主义在中国社会的主流地位，为包括学校道德教育在内的社会道德教化重新建立起一套与社会主义意识形态相一致的德育逻辑。在新中国成立初期对国内外自由主义教育家声势浩大的批判中，五四时期开创的理性启蒙完全被"革命"的启蒙所中断。"'革命'的启蒙的主要内容是启发阶级斗争的觉悟和集体主义道德觉悟。'革命'的启蒙否定了近代自由价值导引下个人权利的平等、个人价值的实现、法治、反对专制和教条的内涵，而强调个人对革命的归顺意识、对革命集体的服从意识、对个人主观和社会客观上的非革命现象的积极斗争意识，以及对革命理想的自觉追求意识等等。"①

1. 新中国成立到"文革"之前的大学德育价值取向

从 1949 年 10 月到 1966 年"文化大革命"发动以前，这一阶段是我国大学德育在社会主义意识形态指导下创建发展的时期。从历史发展规律及经验来看，任何新政权确立之初都面临旧势力反扑的危险，都把巩固新政权视为第一要务。在思想建设方面，社会主

---

① 金生鈜：《规训与教化》，教育科学出版社 2004 年版，第 66 页。

义中国新生的革命政权同样十分重视德育，把德育提到重要日程，适时规定了德育的性质、方向和内容，初步创立了相对稳定和系统的、以学校德育文化建设为重点的德育内容体系，并作了许多增进德育规范化、系统化和科学化的工作。

1952 年教育部发出《关于全国高等学校马克思列宁主义、毛泽东思想课程的指示》，规定综合性大学及财经、艺术类院校自1952 年起依年级次序分别开设"新民主主义论"（1953 年改为"中国革命史"）、"政治经济学""辩证唯物论和历史唯物论"课程。1956 年又发出《关于高等学校政治理论课程的规定》，明确各门政治理论课和时事政治课的教学时数。

在配合新中国成立初期的新民主主义革命任务、社会主义改造和保家卫国的"抗美援朝"政治运动的过程中，高校德育文化发挥了极强作用。结合社会主义建设需要和建设任务，针对大学生政治方向和社会主义、集体主义思想培育而开展的学雷锋、学大庆、学英模、学劳模活动以及弘扬艰苦奋斗精神的活动，阶级立场教育、爱国主义教育和社会主义教育，都极大地影响了一代青年人的世界观和政治立场的转变。但是，这一时期的大学德育过分突出政治性，明显延续了战时德育的风格，德育理论和实务都带有浓重的政治色彩，德育形式呈现出群众运动型和简单教条化的弊端。反右派斗争扩大化、"大跃进"运动和农村人民公社化运动中，一些严重失误的做法及形式对高校德育也产生了"跃进式"的误导。1958年高校调整入学政策，高等教育对工农群众开放，在工农速成中学毕业的劳动群众可以凭推荐被免试保送入大学。这一举措为广大无产者提供了平等接受高等教育的机会，也宣示了思想改造的宗旨——因为"革命洪流"的涌入，必然对冲刷大学校园中的资产阶级大有裨益。1959 年创建的江西共产主义劳动大学，依然是带有塑造共产主义新人性质的尝试，该校采取半工半读的教育方式，学生在前四年的学习中用于学习和劳动的时间分别占 60% 和 40%。① 这种在学校教育中安排较大比例劳动时间的做法的初衷绝非简单地在于劳动技能训育，而是带有双重政治目的：一方面使学生充分体验工农群众的社会角色，另一方面培养其痛恨不劳而获的资产阶级以及同情、热爱无产阶级的思想意识和阶级感情。

在以阶级斗争为纲的错误思想指挥下，大学德育泛教化问题愈演愈烈：以大批判的阶级斗争方式取代德育工作，以体力劳动替代思想教育，以滥用批判和斗争的运动方式开展思想政治教育，造成恶劣社会影响，留下深刻历史教训。1958 年底，中共中央对德育工作严重失误的调整努力没能解决德育泛教化问题，德育泛教化的顽固趋势终于演变为"文革"时期大学德育泛教化模式的全面异化。

2. "文革"时期大学德育泛教化的价值取向

在 1966 年到 1976 年"文化大革命"期间的中国社会，政治就是一切，社会生活中的一切问题都是政治问题。文化人类学所称"工具性连环"② 被打破，即信仰无法像在社会平稳发展期一样，正常发挥作为社会凝聚中心和社会整合力量的作用。在新中国成立后的 17 年里建立起来的以集体主义为导向的、社会成员所笃信和践行的、普遍的社会价值共识在"文革"的社会动荡中遭受剧烈的破坏，社会心理中的信仰因素在发挥整合力量的过程中遭遇接连不断、突如其来的背离和冲突。大学既与社会意识形态各领域紧密关联，又处在教育的高阶位，极易为社会运动风潮所裹挟而被推至政治运动的风口浪尖。在"文革"以极端方式改造社会意识形态的十

---

① ［美］费正清、罗·麦克法夸尔主编：《剑桥中华人民共和国史（1949—1965）》，王建朗等译，上海人民出版社 1990 年版，第 444 页。

② 林均敬：《精神的家园：当代大学启示录》，北京大学出版社 1998 年版，第 377 页。

年动乱中，高校成为急先锋，在北京大学出现的第一张大字报掀起了夺权的"先声"，激情有余、理智不足的青年学生盲目投入"造反"运动，"红卫兵"现象即是青年学生在那场全社会集体无意识中的群像缩影。

随之而来的是，大学德育承载了更为复杂的政治功能，德育泛教化走向极端，政治思想教育直接取代德育。在这一时期，德育在反常的重视中遭受极大程度的破坏。在十年"文革"的社会背景下和"教育革命"情势中，高等院校经过"停课闹革命""复课闹革命"的风潮，工宣队进校，工农兵入学，大学生知青上山下乡，高校教师被"横扫、批斗、清队、下放、改造"，新中国成立以来建立起的结构合理的高等教育结构被摧垮，高等教育发展中断。"文革"期间大学德育的价值取向也随着高等教育整体的瘫痪而脱离正轨，高校的德育秩序也在劫难逃，"党的领导被否定，政工人员被打成'保皇派''黑帮分子'，学校的思想政治工作被当作'资产阶级反动路线'而被冲垮，大学德育已经陷入全面瘫痪的境地"①。大学德育方针被弃置，大学德育本质被扭曲，德育最重要的育人功能被遮蔽和取消；大学德育目标被篡改为突出政治，反修防修和反潮流精神；大学德育方法被政治斗争的"斗、批、改"所代替。以阶级斗争为纲的大学德育，一旦公开排斥知识，彻底摒弃传统文化，全盘否定国外先进德育经验，以阶级斗争和政治斗争作为衡量德育活动的标准，必然导致德育内容的单一化和德育方法的简单化：德育内容以马列主义和毛主席著作为主，德育方法以灌输、批判、检查为主。"文革"时期泛教化的大学德育活动主要通过三种方式进行，"一是通过大规模的群众性运动，普及'革命'道德理

---

① 龚海泉：《当代大学德育史论》，华东师范大学出版社1997年版，第18—19页。

念，揭批各种非'革命'行为；二是通过知识的生产、解释、分配、传播，实现知识领域中的控制；三是通过社会生活原则的确立与解释以及道德理念基础的建立，实现道德生活对思想与行动的统领。这样，通过历史与社会真理的发现而实现对知识的批判和改造，通过大规模的政治运动实现对道德真理的传播和推广，通过教育实现对社会成员的道德理想、道德观念、道德规范的传输，以诱发符合政治要求的道德行为"①。

客观看来，大学德育在新中国成立初期具有浓厚意识形态色彩和政治倾向，仍具有一定历史必然性和政治正当性。但是，在社会主义改造完成、社会主义政权巩固、社会主要矛盾发生转化以后，在社会主义建设发展的历史条件下，大学德育的泛教化问题严重到成为一种历史的荒谬，德育已从育德化为政治斗争的工具，呈现非人性化和反知识性的面目，从民主本质活动转化为集权化的专制本质活动，不但影响以民族、阶级、政党、国家、政权、社会制度和国际关系为主要内容的政治教育的实际效果，而且延误了社会主义建设时机，造成了无法估量的损失和惨痛沉重的代价，对国家和民族的文化现代化发展所造成的显性和隐性的创伤则有待更长的时间和艰难的努力来修复和弥合。然而，十年"文革"时期德育取向所规约和固化了的思维方式更是以顽固的惯性力量强制着人们的思想方式和行为模式，进而阻滞中国现代化的整体进程。

新中国成立后的德育直接源于新民主主义革命时期中国共产党的政治工作，仍然以思想政治教育为主要内容。从引进苏联共产党和军队的管理经验在黄埔军校设立政治部和党代表开始，政治工作就一直被视为中国共产党革命工作的"生命线"，成为贯穿土地革命、抗日战争和解放战争全过程的工作重心，在战时宣传革命主

---

① 金生鈜：《德性与教化》，湖南大学出版社 2003 年版，第 323—324 页。

张、发动革命群众阶段发挥过巨大作用。然而，这种社会历史惯性一直延续到新中国成立后，成为包括大学德育在内的我国学校德育泛教化取向的根源。建国初期，党对德育工作做出的一系列针对形势任务变化的调整，最终未能克服革命战争年代政治工作成功经验的驱使，没能走出战时德育模式。1957 年发起反"右"运动以后，思想政治教育越来越强调作为阶级斗争工具的功能；"文化大革命"时期，政治教育构成德育的全部内容，德育则完全沦为政治阴谋的工具，大学德育泛教化取向出离正轨走向颠覆。

三　我国大学德育价值取向的复归

正如一位从事马克思主义研究的学者所指出的：教育是自成目的的，其目的就是人本身；文化关注着人类精神家园的和谐；而政治则关注现实秩序的稳定。从这个意义上看，文化与教育的政治化终究不是文化良性发展的途径，因为文化和教育二者与政治存在内在的冲突。[①] 正因如此，即使在我国大学德育取向泛教化发展的过程中，大学德育的文化本质的真相仍然不被完全遮蔽，甚至在反右运动和"文化大革命"时期，大学德育也在政府决策层面从政治运动和阶级斗争的夹缝中得到保护和拯救。如果说这种努力在当时迫于形势而收效甚微，那么，经过 20 世纪 70 年代末期的拨乱反正，尤其在改革开放以来以重在启蒙的 80 年代文化热和侧重学理研究的 90 年代国学热为表征的文化复苏和文化繁荣背景下，学者们纷纷将文化引入人文社会科学领域，在教育领域也展开了文化维度的反思和研究，大学德育的文化本质问题受到广泛关注，并有越来越多的学者在大学德育的文化性问题上展开相关探索、取得一定共识。随着

---

① 程美东：《现代化之路——20 世纪后 20 年中国现代化历程的全面解读》，首都师范大学出版社 2003 年版，第 262 页。

改革开放深入发展，我国社会发生了经济体制由计划经济向市场经济的转轨、社会价值体系由一元化向多元化的转化。

经济体制改革的伴生事物必然包括思想意识的开放和价值观的多元化，外来思想和价值观也必然随着开放的洪流涌入中国社会。社会主流价值观的重建面临多元价值的冲击的严峻考验，德育对如何避免价值断层而实现价值取向转型的"软着陆"的问题必须慎重考虑，谨慎应对。与社会转型期意识形态嬗变与价值多元化发展趋势相适应，大学德育也发生了文化取向的调整和转变，对过去大学德育被狭隘禁锢在政治教育范围内的错误倾向做出必要修正。德育的关注点开始从整体的政治控制和僵死的道德规训转向关照普遍人性的道德化育，德育的价值取向也渐次突显出向人的主体性的侧重，采取了向本真的马克思主义德育观回归的路向，呈现出越来越浓厚的文化性。

（一）大学德育价值取向变迁

"由于每一次社会形态的转变都是一种社会变革，因而每一种与之相适应的道德，都可以说是每一次社会变革的结果。"[①] 自1978 年起，我国开始了中国特色的复杂而整体性的社会转型，社会主导价值理念发生了从"以阶级斗争为纲"到"以经济建设为中心"的根本转变。社会转型期无疑对社会道德、价值观念产生了巨大冲击，大学德育在这一新的背景形式下也随之发生了一系列变化。改革开放以来我国大学德育的文化复归经历了三个主要阶段。

第一阶段，主体性回归阶段（1978—1992）。在国家意识形态亟须重新整合、社会主流价值观念亟待重建、多元价值观冲突激烈的社会大环境下，大学德育随着社会价值观念的巨大变革同时面临

---

① 龚爱林：《变革中的道德——当前我国伦理道德发展的变化、问题及对策研究》，湖南教育出版社 2000 年版，第 2 页。

如何避免价值断层以顺利实现价值取向"软着陆"的严峻课题。20世纪70年代末期自上而下的关于"真理标准"的讨论和20世纪80年代自下而上的关于"人生意义"的讨论分别承担了中国社会政治思想解放和道德思想解放的历史重任，促成中国社会全面变革和中国道德教育价值取向变迁。这一阶段的大学德育发生了价值主体的回归，出现了理性张扬，道德教育中的对象个体不断被呼吁，道德教育转而关注个体的发展，在道德教育应然性目标问题上也发生了建构"真实共同体"的变化。

　　经过20世纪70年代末以来社会道德价值取向的变化，人的主体性得到承认和肯定，但这一时期，"教育培养出来的人缺乏鲜明的个性，独立的人格和创造的活力，而这一切的必然结果是使整个社会缺乏生机"①。进一步的教育观念变革势不可当，而教育价值观的革新在德育领域和大学校园无疑更加鲜明和突出。

　　第二阶段，自我价值张扬阶段（1992—2002）。这一阶段的中国社会，社会主义市场经济充分发展，国家从方针政策的角度肯定与市场经济相应的功利原则。在价值观念方面实现了对个体创造以及自我价值的肯定，功利价值由以往被压抑的潜在需求变为显在的群体性价值倾向，人的功利追求和私人理想得到肯定。而教育较之社会发展的滞后性因素使得大学德育价值取向与社会价值取向之间发生落差，德育仍然因循期望学生的"服从"传统模式，仍然从为社会政治或经济服务的出发点引导学生个体价值。社会伦理价值观的变化反映到大学德育中来，促使大学德育的育人目标转移到培养学生的独立自强意识、怀疑与批判精神、创新意识与能力上来，更多地关注道德判断和道德选择能力等道德素质中的理性方面，以育

---

　　①　叶澜：《试论当代中国教育价值取向之偏差》，《教育研究》1989年第8期。

化具有"独立、理性、自为、自由"① 的主体性道德人格，促成有进取意识和创造精神的社会主体。

20 世纪 90 年代关于德育主体的研究大多聚焦在受教育者上，强调重视学生个性、主体意识，呼唤培养学生的主体性和作为社会主体的创造性，促进人的个性全面、自主地和谐发展；德育价值取向基本上源于现实动因，偏重个体视角，而缺乏哲学视角和国际视野。

第三阶段，人性终极关怀阶段（2002 年至今），在这个阶段，世界经济一体化进程和国际合作交流程度的进一步发展，以及全球问题的频频爆发，引发了人类对自身"主体性"的反思以及世界范围内关于"人类命运共同体"的关注。这一阶段的道德教育对人的存在及存在方式投以更多关注，引导学生对生命、人生、自然界和人类社会的终极思考，大学德育展现出更多的哲学高度和全球视角的文化自觉意识。

总之，改革开放以来我国大学德育价值取向的三个阶段的变迁暗含了一条"学生的地位从德育的受动者转变为德育的主体—人的需要和人的价值引起德育的关注—从单纯强调德育的工具价值转而重视学生个性发展"的线索，这一线索又内含着双重价值认识的转变和两次理性反思的跃迁。双重价值认识的转变是大学德育价值取向从政治向文化、从工具理性向价值理性转变；两次理性反思的跃迁是从政治狂热到人性观照的理性反思和从个体现实关注到整体哲学观照的理性反思。这双重价值认识的转变和两次理性反思的跃迁归根到底体现的是大学德育价值取向的文化复归。

（二）高校德育课程设置调整

改革开放以来，随着国家意识形态统摄下的道德教育流露出对

---

① 肖川：《主体性道德人格：概念和特征》，《北京师范大学学报》1999 年第 3 期。

普遍人性的关爱，大学德育课程也经历了有恪守整体性政治控制和道德规训转而追求道德教育真理性和规范性的变迁。"文革"以后，经过 1978 年到 1984 年高校德育发展的恢复期，迄今为止在课程设置方面有三个以时间点为标志的关键事件："85 方案""98 方案""05 方案"。以这三个关键节点为参照，可以大体梳理出大学德育课程设置调整的文化脉络。

在"85 方案"中，高校德育课程统称为"政治理论课"。"85 方案"在发展中不断调整，课程设置在原来单纯的意识形态内容基础上加入了"自然辩证法""形势与政策""法律基础"，拓展了德育课的哲学和法律维度和国际视野。

"98 方案"将德育课程统称为"马克思主义理论课和思想品德课"，简称"两课"。马克思主义理论课包括《马克思主义哲学原理》《马克思主义政治经济学原理》《毛泽东思想概论》《邓小平理论概论》和《当代世界经济与政治》（文科专业开设），思想品德课包括《思想道德修养》和《法律基础》。这一方案较"85 方案"更加系统和科学，在反映政治性和思想性的同时也体现了鲜明的基础性和应用性。

"05 方案"对高校德育课程开始使用"思想政治理论课"的提法，将原有的七门课程进行整合并在此基础上作了增设调整，确定《马克思主义基本原理》《毛泽东思想、邓小平理论和"三个代表"重要思想概论》（后改称《毛泽东思想和中国特色社会主义理论体系概论》）、《中国近现代史纲要》《思想道德修养与法律基础》等4 门课程，新课程设置的宗旨是增加思想政治理论课的整体系统性和各课程之间的衔接性、关联性，这一新方案体现出一定的学科化、学术化、艺术化、多样化和规范化特征。

从"85 方案"到"98 方案"再到"05 方案"，高校德育课程设置的每一次调整在设想和实施方面都未必全然实现预期目标，即使在经过历次调整之后，课程设置在科学性、合理性、系统性等方面依然客观存在很大的完善空间，教育与社会生活其他层面的博弈、德育自身功能各方面的博弈仍然在关系各方的角力中发生着动态变动。但是，大学德育课程设置内容由一元到多元、由封闭到开放的变化反映了大学德育的本体自知和文化自觉。

第 三 章

大学德育文化性探析

从根本意义上说，人类社会发展史是一部文化史；文化性在对人类社会各个领域问题的认识、理解与应对中发生普遍规约作用，这种影响不存在有无的分别，只存在程度上的差异。具体地联系到教育领域，特别是在道德教育的语境当中，不仅德育的资源条件与目标旨归等静态要素都具有朝向文化内容的一面，而且其发生、发展的动态过程也与文化高度关联，并且这种大学德育作为本体存在所具有的文化属性是其各种属性中最核心和有价值的内容，处在规约和决定大学德育文化属性中的外在关联性，如因具有文化功用而取得的文化性质。

第一节　文化的性质

在马克思主义人文社会科学研究方法的指导原则下，综合文化人类学与文化哲学的学术观点，本书对文化的特性从"文化一般"与"文化具体"中个性特征的共性呈现这两个角度加以归纳，从文化形态角度对文化特性的考察又分为文化存在和文化发展两种具体划分。这种对文化特性的划分主要考虑到其与大学德育文化属性之间的关联而做出，既可能与严格的本体论、发生论、存在论、发展论、作用论的文化研究方法不符合，又不能完全避免周延上的不全面问题。

一　文化的总体性质

文化的总体性质，是在历史唯物主义意义上对文化所做的抽象，是文化的抽象物，是一切文化形态、文化结构共同的特质以及文化对一切文化形态、文化结构的规定性。文化的总体性质主要体现在整体性、规律性和进步性、主体性和精神性。

首先，文化具有整体性。马克思主义承认世界历史的共同性，这是马克思主义文化理论承认人类文化共同性的直接理论依据。马克思主义文化理论中包含历史方法与本质观点，这开拓了文化研究的社会历史视角和文化共性研究。因为主张"从最早、最初的、最简单的文化因素到现代文化的复杂形式的运动中研究文化的发展问题"①，所以马克思主义文化理论中包含着社会历史的研究方法，为我们提供了从文化因素和文化形式发展进步的线索中把握文化共性、认识人类社会及其发展规律的社会历史观点和方法。有学者从信息科学角度揭示了文化共性，把文化看作社会运动的信息内涵，认为文化共性不仅包含了关于文化一般所说的共识符号系统、载荷社会信息、技术文化、制度文化和精神文化三个层次的全部规定性；从共时性方面来看，同一社会历史阶段上人类共同体空间中的所有文化形态之间也具有文化共性；②有学者对文化共性产生的原因做了分析，认为文化共性的产生源于文化的实践性以及人类交往的普遍化。虽然各个民族文化产生的地域、时间、情境不同，但它们都产生共同的人类实践的主题、对象、结果及人对上述方面的共

---

① ［苏］尼·瓦·贡恰连科：《精神文化：进步的源泉和动力》，戴世吉、张鼎芬、王文郁、杨德娟译，求实出版社1988年版，第1页。

② 蔡俊生、陈荷清、韩林德：《文化论》，人民出版社2003年版，第100页。

同反映，人类交往的普遍性则导致了文化交往频率的提高和文化交往内容的丰富，从而促进了文化间的融合甚至趋同现象，使得各民族文化内容之间的共性增加。①

其次，文化具有规律性和进步性。马克思主义文化理论"研究文化内涵的本质特征，其发展的内部规律，这些是作为整体的全世界文化所固有的"。在马克思主义文化理论关于研究文化内涵的本质特征的观点的指导下，在不否认文化形态发展的特殊规律的前提下，对文化整体的社会历史一般规律的把握成为可能。"文化进步是在社会发展的客观规律作用的基础上形成的，因此它本身就具有客观规律的性质"，"人类世界历史是一个统一的过程，这一过程尽管在它的个别时期具有各种特殊性和差异，但都服从于一般的规律"②。也就是说，文化发展具有内部规律，对人类世界文化发展进程的一般规律的认识成为可能并具有意义和价值。

文化的进步性源于伴随文化发展而逐渐彰显的普遍人类自觉性，体现为历史评价与价值评价统一尺度下社会历史进程的积极人文精神。陈序经在细数文化发展的退化说、循环说、俱分说、进步说基础上表明"无疑的是偏于进步的学说。其实，进步的学说，是解释文化的发展的正确的学说。因为，文化的发展，是进步的，而且文化现象之所以异于其他的现象，也是因为他是进步的"，并进一步从文化发展程序的由高而低、文化发展原理的由简而繁、文化发展形态的由"纷乱浑漠"而明确特殊、文化发展动机的"从未

---

① 周德刚：《经济交往中文化认同的理论及其探微》，《兰州学刊》2007 年第 2 期。

② ［苏］尼·瓦·贡恰连科：《精神文化：进步的源泉和动力》，戴世吉、张鼎芬、王文郁、杨德娟译，求实出版社 1988 年版，第 1、174、177 页。

满足的欲望"而趋于有目的的要求等方面①论证了文化发展规律性基础上的进步性特征。最后，文化主体性和精神性。不仅人对文化的主体地位体现在文化发生、发展的全过程，而且从一般性角度考察人对文化主体地位也可以发现：在哲学形上学层面，人和文化的关系可以归结为人和人的对象世界的关系，这种关系是建立在人和人的意识的基础上的；从理论层面看，马克思在历史唯物主义实践观的基础上吸收了黑格尔文化哲学思想中"人的自我创造"的合理因素，为理解文化及其本质、文化的主体与发展等问题提供了基本原则。

最后，文化的主体性和精神性。关于文化的主体性，前文实际已经作了许多探讨，这里对文化的精神性进一步论证。首先，从文化发生机制来看，人类超越现存生存条件的要求和人类形而上的追求，构成了文化发生的条件。进化中的人在尚未将自身与自然界完全区分开的情况下就具有了超越当下生存条件的欲望，而人的活动一经带有超越指向——哪怕这种目的停留在满足自身生存欲求的层面——就具有了目的性和自觉性，这为人类文化在现实对象化关系中实现外在超越提供了精神条件。② 其次，从文化生成机制看，人类意识的建构与反思的辩证作用实现了人与文化的动态生成。③ 人依据主观所反映的外部世界的经验材料重构出外部世界原本没有的形象，这一过程就是建构。从这个意义上来说，文化包含了人的主体建构的成果。文化的结果对人的存在有规约作用，但人在自己所创造的文化面前并不是被动的，人的反思能力能促使人不断对建构

---

① 陈序经：《文化学概观》，中国人民大学出版社 2005 年版，第 287、302—305 页。

② 许苏民：《文化哲学》，上海人民出版社 1990 年版，第 73 页。

③ 郑广永：《文化的超越性研究》，黑龙江人民出版社 2006 年版，第 43—44 页。

进行批判和优化。文化对人的规约和人对文化的型塑之间的相互作用正是文化生生不息、欣欣向荣的源泉，其中流淌着的正是人类本质力量的精神性体现。再次，从文化的结构来看，文化作为内在的价值系统是与精神性分不开的。无论文化有多么复杂的形式和载体，在本质上它是人类一切创造物的抽象。就连物之所以有文化的意义，都在于物是被人类精神灌注过的。在文化的物质形态中，静态的实物只是其中的一部分，更重要的是以社会风俗、习惯、伦理、道德，以人们的政治、经济、教育、科学、艺术、宗教、家庭生活，以人们的社会交往和社会关系等动态的物质关系而存在的社会生活方式。在文化的非物质形态中，社会意识的精神性是不言而喻的，社会制度则是社会精神的格式化、具体化和实在化，是凝滞了的文化精神。①

二　文化相对性中的性质体现

文化相对性存在是指基于文化差异和文化个性基础上的文化与文化之间关系视角的文化个体及个体间关系。从这个角度来看，文化的基本性质是民族性和时代性，主要是指历时性角度的各个文化形态的个性传统和共时性角度的各个文化形态共性的主题。

在文化形态的民族性和时代性特之外，作为本体的文化形态在存在和发展中还体现出现实的特性。这里所说的文化存在的特性，主要指从文化的时空维度和文化的结构等方面揭示的文化性质，主要指公共性和导向性。而文化发展过程中体现的性质主要指内隐于文化发展动力机制、文化传统、文化趋向中的文化性质，具体包括选择性、继承性、积累性、互动性。

①　杨善民、韩锋:《文化哲学》，山东大学出版社 2004 年版，第 77—78 页。

第二节　人之生成的文化关联

道德是文化的一个方面，全部道德过程和结果实际地内化于文化过程及结果中；文化的产生和发展与教育的选择作用以及受了教育影响的人对文化的创造与继承相关联。教育以文化为前提，并在一定程度上以发展文化为目的。在教育领域尤其是道德教育问题上，被人类学家蓝德曼誉为"伟大的因果循环体系"的人与文化之间的决定和塑造关系得到了更加鲜明和显著的体现。正是在这个意义上，我们说人与文化具有实质的同一性。

一　人的类本质形成与文化的发生

首先，文化发生就是人的类本质的体现。人经历了外在自然的人化与内在自然的人化并在二者的互相推移中将自身从动物中提升出来，或者说以文化的动物的身份而存在于世界上。文化的发生与劳动创造人是人类进程的一体两面，人类的原始文化，正是人的自由自觉的类本质的最初的对象化。①

其次，人的类本质生成于与文化的互构。在类的意义上，人的本质不是自然或神规定的，而是从人形成时就开始的、与文化世界的双向互构过程中生成的。人创造了文化标志着人的出现，同时文化又作为人的生活环境，反过来规定着人性，塑造着人的本质。人的本质在人与文化的能动与受动的激荡中以浓缩、集中的形式体现着文化的内在精神原则。② 文化是以自然为前提的人类超自然的存在，实质上是相对稳定的人为的程序和为人的取向的统一。文化的

---

① 许苏民：《文化哲学》，上海人民出版社1990年版，第63—67页。

② 刘进田：《文化哲学导论》，武汉大学出版社1999年版，第404、406页。

产生、文化的积淀和文化的发展就是这一"人为"的程序和"为人"的取向的产生、积淀和发展。①

再次，文化目的在于人的价值。人的活动的目的性证明人的存在的价值，文化的存在和变化与自然的存在与变化之间最显著的区别在于人是创造性地参与其中。人的文化活动不仅创造出人的社会，而且通过改变物质和制度的形态或赋予其意义而将它们整合在人的活动系统中。按照马克思主义观点，人在产品生产过程中更新了自己所创造的财富世界，同时也更新了人自身。与物质生产过程相比，文化过程的特殊性在于：人既是文化的主体，又作为对象而内在于文化结果之中。那么，人的文化过程的结果更加突出地体现为，人的更新自身内在其中、并作为主体和对象双重身份而存在的文化世界的过程，最大意义在于更新了人自身，亦即"文化作为最终的结果而出现的是处于社会关系的人本身"②，从文化的终极客观结果即是具有主体性的人自身这一人在自反关系中的回归事实，点明了文化的目的与人的价值的一致关系。

二 文化是个体取得人之本质的基础

依据马克思主义辩证唯物主义和历史唯物主义观点，人的本质并不固化在某种确定性之中，而是发展的、变化的。但就处于具体历史条件下的人来说，人的本质及人身处其中的文化则具有相对的确定性。也正是基于这个相对的意义，以相对确定的具体时空下的文化形态为前提，我们发现文化是个体取得人的本质的基础。

文化决定人的本质，具有本原意义和基础性质。理解人的本质无法离开文化，文化的样貌和性质与人的本质之间存在直接的对应

---

① 郭湛、田建华：《理解文化及其可持续发展》，《中国人民大学学报》2002 年第 5 期。

② 郝正：《马克思主义文化哲学》，吉林人民出版社 2007 年版，第 135 页。

和伴生关系。人的本质在人与自然生物世界、个体经验心理世界和历史形成的现实世界的关系中提升、形成，这个提升的过程是由文化促成的；个体心理进入文化符号的特殊现象世界，个体就走进了人的本体世界；现实世界已包含了既成文化，然而人不会静态地占有文化而会不断地超越和创造，但这超越和创造同样是在接受既有文化基础上进行。即使从事实上看，人一诞生就被抛入一个先在的客观文化结构和环境之中，这个先在的文化结构是必须接受的东西，个体的本质将在对文化结构的同化中逐步形成。①

第三节　大学德育内在范畴的文化本性

在大学德育整体范畴中，存在"教育—德育—大学德育"这样的逻辑推进，其中的核心概念教育有两层限定，第一层是"道德"对以内容为线索的教育领域的限定，第二层是"大学"以阶段为划分依据的教育阶段的限定。换言之，对大学德育范畴的解读无法绕过对其核心范畴"教育"、限定范畴"道德"和"大学"、对象范畴"大学生"的界定；对大学德育文化性的确证内在包含和客观要求对道德、教育以及大学从文化维度进行体认的内容。对大学德育范畴中析出范畴道德、教育以及大学做必要的文化角度的深入考察，有助于从整体上准确把握大学德育的文化品格。

一　道德的文化基因

在对道德的文化属性的研究中，有必要从道德作为人类的存在方式的层面去认识其本质。无论是作为个体的人，还是作为类的

---

① 刘进田：《文化哲学导论》，武汉大学出版社1999年版，第404—406页。

人,道德是人的存在方式,是人与动物区别的根本性特质;道德是人的应然存在方式,是人存在的理想关系状态,它虽居于现实,却总是指向理想未来;道德是人的智慧生活方式,它既是人类对世界的特殊把握方式,又是社会的特殊规范方式,不仅具有认识功能,更具有实践功能;道德是主体的智慧存在方式,道德的反思性、规范性,都不过是人的自我反思与规范,因而,在本质上,它是主体性的。

(一) 道德起源中的文化元素

1. 道德起源的社会历史考察

作为外在规则,道德的必要性与人的实践活动对世界的分化相关联。当人的实践活动使世界发生了自然界与人类社会、客观世界与主观世界的分化,人的生活的复杂性和丰富性也随之增加,与之俱增的是人的主体需求的多元化和主体利益的冲突,以及人自身在客观与主观方面的不和谐。如此种种,客观上要求人在自然层面与社会层面、客观层面与主观层面的存在建立起规则以协调不同个体以及个体自身的存在,其中最基本的是对社会层面中个体的协调,在社会规则的生成与完善中逐渐孕育成的规则体系就是道德。

作为心灵的内在尺度,道德在原始社会集中表现为原始宗教习俗。宗教习俗除了对神秘现象有解释作用以及通过"合理化"来维持社会秩序、帮助应付人生问题,还能为是非、善恶、美丑的判断提供价值依据。因此,作为内在尺度的道德,具有抚慰心灵、给予安全感、赋予人生意义的作用。

意识形态意义的道德源于政治对社会秩序的需要。阶级一经产生,道德作为社会规则的特性就促动了它与政治的紧密结合。政治对社会秩序产生强烈需求,道德作为社会的基本价值框架开始发挥维护社会生产生活秩序稳定的作用。"随着阶级和国家的产生,道德的权威中心从家庭、家族转移到社会、城邦或统治阶级手中"①，从根本上说，这种秩序基于为维护统治阶级利益服务的目的，同时承担在社会中传承主流政治文化的功能。

2. 道德起源论视角的考察

关于"道德何以产生"的反思本身就是对道德规范文化性的一个有趣的注脚，在西方哲学史相当长久的时间内是个讳莫如深的疑问，被视为大逆不道的渎神行为。西塞罗便指摘过那些在"是否应当按道德行事"问题上产生疑惑的人，"因为就在他们的怀疑中就有了罪恶"。直到 19 世纪，"人为何要有道德"的追问才得到应有重视，大部分与之相关的论著只是到 20 世纪下半叶才出现。②

关于道德起源问题的不同回答，反映了对道德发生逻辑的不同推理，据此可以划分为两个主要的流派：经验主义和超验主义。经验主义的道德起源论，主张道德来自于经验实证，将道德的起源或归为习俗、宗教，或归为人的生理、心理、情感。弗洛伊德还提出禁忌是人类道德的起源。马克思主义道德学说则认为道德产生于人类的社会关系活动特别是生产实践；超验主义的道德起源论，相信道德先天的存在，对任何有理性的人来说道德都不证自明，并认为道德来自神灵的启示或超自然力量的规定。苏格拉底从德性中寻找道德起源，柏拉图从观念中寻找道德的起源，亚里士多德从人的幸福需要和理念中寻找道德起源。亚里士多德的观点分化出后来的幸福论和始于边沁、穆勒及斯宾塞的现代功利论。斯多哥学派则并不在超自然力的先验中追求人的道德概念，他们认为自然界自身包含了道德起源。

---

① 郭凤志：《德育文化论》，中国社会科学出版社 2008 年版。

② 甘绍平：《道德规范起源的再思考》，《哲学动态》2011 年第 7 期。

道德起源的经验论和先验论是两种不同的逻辑推理,但这两种似乎相悖的推理中,暗含着一个共同的逻辑——道德规范具有普适性,是人类为了维护所有人的共同利益所建构的。道德规范的基本特征在于普适性,"一种道德规范是一种规范,它是带着对普遍认同的要求而得到持守的"①。道德起源的明确的"人为"的和"为人"的属性,实际上反映了道德的文化性。

(二) 道德的文化结构归位

有学者认为文化体系包含表层、中层和深层三个层次,"表层文化主要为物质文化,指人们制造的各种产品。中层文化包括风俗习惯、价值观念、道德准则、审美情趣、思维方式、民族性格等。而深层文化指哲学、宗教等关系人类生命存在意义的文化形态"②。

也有学者指出文化系统首先可以形象地划分为"硬文化"和"软文化"两大部分。"硬文化"即指食品、衣物、房屋、家具、机器等以实物形态出现的各种实体性的有形产品,又称"器物文化"。"软文化"则指语言、宗教、科学、技术、人文学、艺术、规则等以非实物形态出现的各种非实体性的无形产品,由于这些无形产品是用文字、言语、声调、音符、数字、线条、图形、色彩等符号表达的符号化系统,又称"符号文化"。符号文化系统依据所承载和所传递信息的不同性质而分为描述性文化、解玄性文化、倾诉性文化、指令性文化四部分。"'描述性文化'用于弄清世界的真相,以经验实证为基本方法,所负载传达的信息是对各种事物的状况、形态、实质、性质、特征、规律、历程、演变的描述及预测,各门自然科学和社会科学是其典型形态;'解玄性文化'用于

---

① 甘绍平:《道德规范起源的再思考》,《哲学动态》2011 年第 7 期。
② 杨藻镜:《第二语言教学中的语言对比与文化对比》,胡文仲:《文化与交际》,外语教学与研究出版社 1994 年版。

人的终极关怀，以思辨与虚构为基本方法，所负载传达的信息是对各类无法用经验实证方法研究的玄难问题或终极问题作出的解答，神话、宗教是其初级形态，哲学是其高级形态；'倾诉性文化'用于抒发人的内心情感，以形象思维为基本方法，所负载传达的信息是对自然、社会、自我、他人、生活的体验与感想等，文学、音乐、美术之类是其典型形态；'指令性文化'用于构建社会秩序，以定规立制为基本方法，所负载传达的信息是什么正当、什么不正当、什么可做、什么不可做等等，规则或规范是其一般形态，制度和习俗是其典型形态。在符号文化的这四个子系统中，道德作为对人有劝诫、规范作用的符号，显然属于其中的指令性文化。"①

(三) 道德教育的超越诉求

从个体角度而言，道德首先表现为道德认知，如正义、良善、爱与克制等可以通过知识性表述明确宣示和实际学习的内容。同时，对道德个体而言，道德更具有强烈的实践性，除了道德认知还必须表现为道德情感、道德意志和道德习惯，也唯必经过道德认知基础上的道德情感形成、道德意志确立、道德习惯巩固的全部道德体验，才能完成美德的知行转化过程。在这个问题上，杜威强调过"作为人的主体品性组成和表征的'道德观念'和作为纯粹道德知识的理性思维形态'道德的观念'之间存在着显著区别：'关于道德的观念，关于诚实、纯洁或仁慈的见解，在性质上是不能自动地使这些观念变为好的品性或好的行为的。'"② 在理论上和实践中，个体的道德品性都不是一成不变的，即使道德直觉这样更接近生

---

① 韩东屏：《道德究竟是什么——对道德起源与本质的追问》，《学术月刊》2011 年第 9 期。

② ［美］杜威：《道德教育原理》，王承绪等译，浙江教育出版社 2003 年版，第8 页。

物和心理因素的道德素质，在事实上也无法不受环境和教育的影响，道德教育作为个体德性养成的重要手段对个体良好道德品行形成的必要性和重要性更是不言而喻。道德教化有两个基本前提："一是确认任何道德观念都不是先天生而有之，而是通过后天学习和教育的实践获得的；其二，确信人性可以改变和塑造，每一个正常的人都可以接受一定的道德知识和观念，以之指导自己的言行，来完善自己的人性，塑造理想人格。"这两个前提密切相关，二者的关系实质上就是中国古人所说的"性"与"习"的关系。① 道德教育首先是教育，教育是培育人的活动，道德教育就应该和一切教育形式一样，首先指向人本身的发展。"道德教育的本质功能只有一个，那就是教会人们'学会生活'，引导科学、文明、健康的生活方式，把个体引向富于德性的生活，引向美好生活的追求，实现人的道德完善，提升人的生命质量。"② 从文化的角度考察道德和按文化的本质对待道德教育，是大学德育应有的文化自觉。

二　教育的文化特质

作为现象和活动样式的文化与教育几乎是同时产生的。文化的主体必然体现为群体的人，个人行为及其结果可能在文化流变中留有痕迹和踪影，但不具备通称的文化意义，因此，文化一经孕育和萌发，必然经过传播和传承过程才能为广大社会成员所掌握，促进社会成员在社会化中发展成熟。教育本身就在以知识和观念的方式传递社会的要求，是一种传递文化和价值观念的运行机制和活动过程，以刻意和系统的文化传承方法，向文化内部的

---

① 李班：《论孔子的道德教育思想》，《浙江社会科学》1997 年第 5 期。

② 许冰：《共生视野下我国大学道德教育若干问题研究》，硕士学位论文，四川师范大学，2007 年。

成员传递知识、技能、思维和行为习惯。就个体来说，学校教育在个体社会化中承担主要任务；从整体而言，学校教育是文化传承赖以实现的重要途径。教育与文化具有同质性，二者都旨在使人有所发展。

（一）教育与文化的互成性

1. 自然：人的生成的规定性

在弗洛姆看来，"个人的整个一生只不过是使他自己诞生的过程"[①]，在承认人与动物在先天完成程度方面的差异的前提下，揭示出人的生命过程始终处于自我生成的持续状态，指明作为"先天不足"的自然生物的人的全部生命过程即是一个"成人"的过程，人不是被自然以完成的形式降生，人是持续的自我生成的存在。蓝德曼（又译兰德曼）也认为，"自然只完成了人的一半，另一半留给人自己去完成"[②]，这意味着人是自然尚未最终完成的作品，也为人的自我生成提供了无限的可能性和丰富的未确定性。"人者，爪牙不足以供守卫，肌肤不足以自捍御，趋走不足以从利逃害，无毛羽以御寒暑"[③]，作为"有缺陷的""匮乏的"动物，人具有"未特定化"和"非专门化"的特性，需要通过不断的自我生成来弥补自身缺陷、克服自身匮乏而与其他生物展开生存竞争，必须不断地适应文化、实现与文化的整合。人在自然本能上的薄弱促使人从自然链条中跳脱而向社会性动物转化——文化是人由动物向人转化的本质力量的外化也是人的社会化外显表征。人的未确定性成全了文化作为人的后天本性的深刻意义，是人的未确定性的产物也是教育超

[①] 联合国教科文组织国际教育发展委员会：《学会生存：教育世界的今天和明天》，教育科学出版社 1996 年版，第 197 页。

[②] ［德］兰德曼：《哲学人类学》，阎嘉译，贵州人民出版社 2006 年版，第 7 页。

[③] 王力波：《列子译注》，黑龙江人民出版社 2003 年版，第 188 页。

越性的前提。

2. 文化、教育：人的生成的超越性

人完成在社会性方面的自我提升后，将自然界改造为属人的世界，并为自身开辟了思维和理性的"第二世界"，从而人有了"领略辉煌，使我们的心灵升华，感受超越自我的伟大以及人生的无限可能"① 的主体性意向，即不断追求发展的超越性。生成性对于缺陷的弥补和对于匮乏的克服源于生存动机，而生成性中对生活意义和价值的追求则进一步表现为超越性。人的超越意识——人对自己当下状况的"不完满"的体认及在此基础上对"完满"的追求，促使人通过从事超越性的实践而取得超越性的效果。人经由教育与文化的整合是人从"现实"和"现有"超越到"理想"和"应有"的进路，人通过教育在与文化一体化的过程中增进学识、锤炼德性、提升境界，同时人的创造性得以激发和促进，人对真善美的诉求越来越清晰和迫切。

3. 人的存在形态与教育分期

文化构成人生存以及取得生活意义的工具依赖与意义支撑。人生在实质上是一个不断"文化成人"的持续过程，而文化的流变也是人类不断发现和提升自身本质并反过来型塑文化的动态过程。这两个过程都离不开"教育"。教育为个体的人取得人类已经取得的本质（即个体的文化化）提供可能，也为整体的人类不断发现和实现人的类本质（即人类的文化化）提供载体和依托。教育对人施加积极影响，使人得以从自然状态中提升出来而走上文化之路，因此，教育自始至终是与文化互成的。教育与文化的互成性关系，是从纵向历史维度以及各自的历时性视角对二者形态和传统等具有流

---

① ［英］汉迪：《饥饿的灵魂》，刘海明、张建新译，生活·读书·新知三联书店 1999 年版，第 89 页。

变性质的属性所做的关联性分析，这里的教育和文化都取整体的、发展的、动态的含义。

在此，依据马克思关于人的存在发展形态学说的阶段划分来梳理文化与教育的互成关系。马克思指出："人的依赖关系（起初完全是自然发生的），是最初的社会形态，在这种形态下，人的生产能力只是在狭窄的范围内和孤立的地点上发展着。以物的依赖性为基础的人的独立性，是第二大形态，在这种社会形态下，才形成普遍的社会物质变换，全面的关系，多方面的需求以及全面的能力的体系。建立在个人全面发展和他们共同的社会生产能力成为他们的社会财富这一基础上的自由个性，是第三个阶段。"[1] 也即，马克思将人的存在发展概括为"人的依赖—物的依赖—自由个性"三个阶段。据此，教育的历史发展相应地分为三个时期：一是古代教育时期（包括原始社会、奴隶社会和封建社会的教育），二是现代教育时期（包括资本主义社会和社会主义社会的教育），三是未来的理想教育时期。[2]

（1）"人的依赖"与古代教育

由于原始社会的物质生产能力和水平极度低下，人在实践活动中的主观能动性十分有限，所以传授基本生存技能和与其他个体合作的本领，无论对社会成员个体还是群体而言都是重要的。原始社会的教育内在于生存活动之中，没有专门教师或专门机构，"往往掌握在家庭、公社以及部落长者式有经验的人的手中"[3]，甚至教育的目的性也是游离在教育活动之外的：一般而言，年长者在日常生产生活中，通过自觉不自觉的言传身教示范使其他社会成员自然而

---

① 《马克思恩格斯全集》第 1 卷，人民出版社 1995 年版，第 104 页。

② 成有信：《现代教育的特点及其本质》，《中国社会科学》1984 年第 6 期。

③ ［美］S. E. 佛罗斯特：《西方教育的历史和哲学基础》，吴元训等译，华夏出版社 1987 年版，第 10 页。

然地在亲身参与中掌握各种技能和经验。直接为现实生活服务、与生活融而为一，是原始教育的鲜明特征。人不断超越自然本能而逐渐取得的新本领，通过教育传习训练而得以流传和稳定，同时人在不断发展自我和尝试改造自然的过程中，日益强大自身的能力和扩大自己的领地，越来越多地给自然界打上"人化"的烙印，也给人类史贴上文化的标识。教育与文化在从猿到人的转化中是互为前提和条件的，文化与教育的发生都与人的形成具有同步性，因而二者的生成也具有时间上的重叠性。

随着生产力和人类意识发展，从原始社会的后期开始，特别是进入奴隶社会之后，教育越来越成为人们自觉关注的对象，分化成为一项单独的人类实践活动，并最终实现了教育活动作为脑力劳动与体力劳动的分立，学校教育随之产生。从这一时期开始，阶级性开始成为教育的鲜明特点。在西方，学校教育是为奴隶主阶级服务的，而且极端鄙视生产劳动，亚里士多德就不主张教授和学习实用的生产知识。在我国，也有号称"有教无类"的教育家孔子斥"请学稼"者为小人的典故。教育从体力劳动中分离出来并沾染阶级性的色彩，正是对文化发展的反映，并反过来促进文化的发展，至于古代社会对经济、政治发展的制约和限制，则是文化发展螺旋式上升和波浪式前进中不可避免的曲折，也是其达到新高度开始新循环的条件。

（2）"物的依赖"与现代教育

与"物的依赖"关系基础上的"人的独立性"存在相对应的现代教育发展时期，这里所谓的独立，是由人的依赖转化为对物的依赖的相对独立，并非真正彻底的独立，人得以不再以附庸于阶级、等级的身份而以个体的身份存在和活动。"人的依赖纽带、血统差别、教育差别等等事实上都被打破了，被粉碎了（一切人身纽带至少都表现为人的关系）；各个人看起来似乎独立地……自由地互相接触并在这种自由中互相交换。"①

"物的依赖"对于人的发展起到历史促进作用也有制约的一面。

一方面，确立了独立自主、平等自由以及理性的现代精神。技术进步和大机器生产的推广，使得人在自然面前及在社会关系中是相对独立自主的，行为动机出于主观意志而不是血缘依赖或等级隶属的束缚；商品交换在劳动量等价基础上遵循自愿原则。自由劳动者虽然必须非暴力地被迫出卖劳动和接受市场法则，但是拥有根据自己的技能和意愿选择行业与雇主的权利；人们形成独立思考和自主判断的能力，不迷信于外在的异己力量或权威，强调人的主体活动的精确化、程序化和客观性，自觉反对和排斥"人情关系"。机器化生产体系的确立表征着人类可以超自然地认识和改造世界，将科学理性精神和信念确立为社会精神支柱，建立起世俗的态度，要求国家恰当运行以帮助建立和维护社会秩序。人类史迈入世界史进程，人与人之间在世界范围内形成了普遍依赖关系，地域性的狭隘个人被世界历史性的普遍的个人所替代。

另一方面，人与自然的原有平衡被打破，人走向物化、异化和片面化。工业生产严重破坏了生态平衡进而危及人类自身的生存和发展。人对自然的敬畏日益消弭，人对自然的轻慢极大张扬，为短期利益所诱惑和蒙蔽而肆意透支自然资源；机器拓展了人的能力，也创造出反过来阻碍自身发展的强大异己力量。市场法则极其容易滋生反社会和反他人的个人利己主义，侵蚀和瓦解着社群的存在。"物的依赖"也催生人与自身关系的失谐，人被异己的物所吞噬，人的价值货币化、人生追求物欲化、人性扭曲。

人的现代化发展及现代社会性质的变化，引起了教育领域的变革，主要表现在：学校教育的普及、教育的公共性、教育的生产性

---

① 《马克思恩格斯全集》第 30 卷，人民出版社 1995 年版，第 113 页。

和教育制度的完善。首先,学校教育得到逐步普及。学校教育的普及较早发生在 16 世纪的欧洲,德意志等国家颁布法令普及教育。19 世纪中叶以后,一批先进的资本主义国家通过立法施行带有强制性的义务教育。20 世纪中后期,东西方较发达的工业化国家纷纷普及中等教育和实现高等教育大众化。学校教育的普及,表明人类的自成性开始更加具有自觉性和朝更高水平的跃升,文化成果的丰富性和文化在个体及人类"生成"中的重要作用充分发挥。其次,教育的公共性日益突出。古代教育的阶级性一直延续到工业化后期还相当明显,教育主要是为社会政治上拥有统治权力和经济上占据资本优势的阶层服务,不代表也极少反映劳动阶层利益。可是,全面推进的政治、经济、文化等领域的社会变革淡化了教育的阶级性,教育逐渐演变为社会公共事业,教育从生存、发展权利的高度被重视。公民受教育的权利被平等地重视和保障,是现代教育进步的重要标志性构成。再次,教育与生产结合程度不断提高。手工劳动到大工业生产的变革促使生产从劳动力依赖转向技术依赖,这在客观上要求现代学校教育重视培养掌握科学技术的社会劳动者,教育的社会功用日益彰显。现代教育一经嵌入与生产劳动高度结合的社会链条,就难免遭受工具理性和科学主义的宰制。在现代社会高速发展的鼎盛时期,教育对促进社会生产和增加社会财富有过巨大贡献,但随着现代化被自身悖论所负累程度加深,教育也因其所具有的文化身份而正在遭受来自外界的比以往任何时候都激烈的诘难和主体性的自我认同与评价危机。最后,教育制度逐步完善。伴随学校教育普及而来的学校数量的增加,促使现代教育向制度化发展。班级教学开启的制度化教育与其他因素共同推动了教育的"制度化"进程;现代教育研究在理论的进展与经验的积淀中趋向成熟;制度化教育推动着教育活动和教育过程的标准的形成。教育管理的规范化和教育活动的秩序化也埋下了正规教育僵化、封闭的隐患，现代教育制度化和反僵化的全部过程与现代社会发展的技术迷失与人性回归有着相似的轨迹。

（3）"自由个性"与未来教育

马克思人的发展形态划分中，与未来社会相对应的是人类"自由个性"阶段，进入到这一阶段，人类将彻底摆脱对"人"和"物"的依赖，真正按自身个性特点独立自由地安排生活和活动。共产主义社会体系是自由个性实现的依托，它包括社会物质的极大丰富、社会制度的充分完善，社会精神的高度文明。人的本质将被重识，人的"异化"将得以矫正，人的需要满足和人的能力拓展都将获致广泛而自由的保障。人类将历经自然主宰、物的宰制而进入人的充分自由而和谐的社会。无疑，全新的人的存在和发展状态需要体现全面发展的需要及照料自由个性的发展的未来教育。理想的未来教育不可能在未来一蹴而就，它离不开"第二阶段"为其创造的条件，离不开作为文化要素的文化传统在不断流变中的传承、积累作用。

在对人的存在形态和教育历史形态的考察中，我们发现教育与文化的发展史内在于人的发展史中并相互促进。文化史，也是人以人的社会实践逐步将人的本质力量对象化从而改善自身生存和发展境况，从将宰制人的自然逐渐变为"人化"的自然中不断取得主体地位的历史。教育史，则是对人类文化史的表征和促进，记录了人类认识能力、创造能力不断变迁的历程，整理了人类文化的过程及其成果。教育观念、教育内容、教育方法中科学理性和人文精神不断彰显了人类文明跃迁的进程要求。康德对文化与教育在最初的和广义上的依存关系这样描述，"能够对人提出的最大、最难的问题就是教育。由于见识取决于教育，而教育复又取决于见识，故教育只能循序渐进，只有通过一代人将其经验与知识传给下一代人、由这一代加以改进后再传给下一代的方式，才能产生出正确的关于教育方式的概念。这一概念以伟大的文化和经验为前提,因此很晚才得以出现,我们自己对它的认识也并不纯粹"①。教育活动传承和提升文化,人对教育的正确理解是以对文化的扬弃和升华为前提的,专门化、系统化的学校教育也是经由这一途径而产生;另一个事实是,教育的形态体系是开放的,依据文化流变中的变迁和积淀而不断发生着具体形态的变化,不断因文化的嬗变而相应做出教育体系自身的应变调适——这种因果关系是客观的,即使这种变化有时可能并不呈现立竿见影的效果或者一目了然的对应关系,也是由人与人类社会的复杂性以及文化和教育体系自身的复杂性所导致的。

教育是提升生命与完善人性的活动,在规范和引领个体生命的同时达成人类整体能力层次和素质水平的跃迁。人类社会发展史,实质上是人类文化发展史。在某种意义上,人类社会的延续就是人类文化的传递,而人类文化的历史性的传承和共时性的传播都依赖教育。尤其教育的选择功能对人类的发展和人类文明的进步起到过滤和催化的积极作用。"教育的更深长的意味,显然不落在知识上,教育的神圣职责在于不断给人们启示和提高智慧"②,传递人类文化才应是教育的首要期望功能。教育与文明的这种紧密关联,在历史维度体现为互成性,在现实维度则体现为同构性。

(二) 教育与文化的同构性

同构性视角的考察侧重对教育和文化的体系和结构等相对固化的属性进行对照性分析,这里的教育和文化更倾向于狭义的、静态的含义,具体地说,教育主要针对学校教育而言,文化主要指人类

---

① [德] 伊曼努尔·康德:《康德论教育学》,赵鹏、何兆武译,上海人民出版社 2005 年版,第 5—6 页。

② 张文庭:《教育的价值度与终极使命——访黄克剑先生》,《教育评论》1993年第 4 期。

活动结果形态中的抽象精神性成分，相当于哲学语境中的社会意识。当从对教育与文化结构的角度加以分析，还必须进一步限定教育的内容和社会意识的形式。

1. 教育与文化的体系同构

如前所述，在本书的界定中，狭义的文化即精神活动层面的文化，"其主要内容包括哲学、艺术、宗教、语言和逻辑、自然科学以及其他人文、社会科学的知识，也包括人们的思想意识、思维方式、行为方式、生活方式、风俗习惯，以及教育、文化制度和社会组织形式等"①。而对文化从结构上的划分，主要是对作为精神活动结果的精神文化体系（狭义的文化）进行的划分。精神文化的体系与马克思主义的社会意识体系具有一致性。

"社会意识是社会生活的精神方面。社会意识以社会存在为基础，产生于人们的实践活动过程中。社会意识表现为政治思想、法律意识、道德、宗教、科学、审美观点、艺术、哲学等各种形式。"② 从社会意识的层次性来看，分为社会意识形态和社会心理。社会意识形态是指对社会存在比较自觉的、定型化的、较高层次反映形式的社会意识，社会心理则是直接与日常生活相联系，自发的、不定型的比较初级的社会意识。

学校教育涵盖不同的方面，包括智育、德育、美育、体育、劳动技术教育等。一般而言，体育是"向受教育者传授健身的知识、技能，增强体质，培养自觉锻炼身体习惯的教育"；劳动技术教育是"培养学生的劳动观点，形成劳动习惯，并使学生初步掌握一定劳动技术知识和技能的教育"，美育是"培养学生认识美、爱好美

---

① 刘合行：《论道德的文化价值》，博士学位论文，南京大学，2006 年。
② 卢之超、赵穗明：《马克思主义大辞典》，中国和平出版社 1993 年版，第 704—705 页。

和创造美的能力的教育"[①];智育是"向受教育者有目的、有计划、有组织地传授系统的文化科学知识和技能,发展受教育者的智力的教育,是知识教育和智能教育的总称"。可见,体育是增强人的生命有机体的教育,劳动技术是为生活技术和职业技术做准备的教育,美育是审美观点和能力的教育,智育是知识和技能的教育。大体上,体育、劳动技术教育涉及个体的身体层面和初级的、浅层次的心理层面,从二者"自觉锻炼身体习惯"和"劳动习惯"的养成而言,主要是社会心理意义上的文化涵育。美育的层次弹性很大,不仅有心理层面的内容,更涉及审美观点和审美修养的高度,有社会心理意义上的文化涵育也涉及部分社会意识形态的内容。德育有部分情感、习惯、风俗等社会心理层面的意义,但对社会意识形态中的政治法律思想、宗教和哲学等内容的教育是最主要的。智育主要是对社会意识形态层面的科学相关内容进行深入系统的文化涵育。一般来看,体育和劳动技术教育主要在社会意识的社会心理层面,智育、德育和美育则与心灵和头脑紧密相关,其内容直接指向社会意识形态,基本覆盖了社会意识形态的整体范畴。

依据对经济基础的反映情况,社会意识形态又可分为:社会意识形态和非意识形态的其他社会意识形态。社会意识形态带有政治性和阶级性,非意识形态的其他社会意识形态的政治性和阶级性则不明显。"社会意识形态是对一定社会经济基础和政治制度的自觉反映,包括政治思想、道德、文学艺术、宗教、哲学和社会科学等。社会意识形态属于上层建筑。社会意识的其他形式如自然科学、语言学、逻辑学等,是社会意识形态中的非意识形态部分,不

---

① 周德昌、江月孙:《简明教育辞典》,广东高等教育出版社1992年版,第41—42页。

属于上层建筑。"① 这样一来，智育、美育和德育，按照教育内容与社会意识形态的相关性又可以主要地分为科学教育、审美教育和意识形态教育。如此，教育内容与文化系统之间的同构关系就比较清晰了。智育、美育和体育的内容大体与社会意识形态形成对应关系，体育和劳动技能教育主要在社会心理层面发挥作用：科学教育主要以自然科学、语言学、逻辑学等为教育内容，意识形态教育主要以思想、道德、宗教为教育内容，审美教育主要以文学艺术为教育内容。智育、美育中的社会科学、哲学、文学艺术在一定程度上带有意识形态色彩，甚至有时带有浓厚的意识形态色彩。体育教育和劳动技能教育主要体现为对相关领域社会心理层次的影响。

2. 教育与文化的经验同构

教育的任务在于传授概念化、体系化的知识、观念、理论等，知识、观念、理论等都是对人的实践及思维活动成果（即文化）的反映，也是对人的经验积累情况的反映。在社会发展的不同阶段教育的基本形态都无差别地包括对经验的传承，而只存在直接经验与间接经验的成分比例上的差异以及传授经验与启发自性的重要程度上的区分。

原始阶段的教育内容和文化成果以存在于感性直观的生活场景或生产实践中的知识和观念为主，生产生活知识以及宗教、礼仪、风俗、习惯等观念完全可以通过口耳相传的直接经验传授方式传给后代社会成员。可以说，原始自发状态下，教育内容与文化成果形态的外延之间是高度重合的；人类社会的发展成熟不仅使社会分工细化，而且使知识加速增长和专门化。文化积累发生飞跃，导致教育内容呈现系统性、综合性、理性化趋势，教育中施教者和受教育者的脑力劳动增加，间接经验传授和自性启发的比例加重，记忆、

---

① 《中国大百科全书·哲学卷》，中国大百科全书出版社 1987 年版，第 769 页。

思维和专门训练成为必要;工业化将人类社会送入现代社会的进程,同时改变了在相当长时期内人文教育为主导、科学教育只作为附属的局面。社会对科学技术人才的迫切需要提高了科学教育的受重视程度,也开启人文教育逐步弱化的时期。后来随着人类屡屡遭遇科学无法解决的发展困境,人文教育重又引发社会的普遍重视。文化成果的层次性和分化程度越高,间接经验教育的成分和比重越大,同时自然和社会对人类的新警醒以及人类自身的新省思又作为更高意义的直接经验充实到教育内容中去。

社会存在先于个人存在,教育的内容首先是长期积累的人类智慧的结晶。人类经验随着包括个体经验在内的社会认识和实践的发展而发展,但这是一个漫长的认识和实践反复相互转化的过程,绝非个人经验的直接转变和呈现。"无论是智育还是德育,首先是传递人类经验,学校教育不仅如此还以系统的知识传递人类经验,否则,就失去存在和发展的价值。"①

可见,文化成果的积累、教育内容的演进都与人类经验的积累过程相一致,从对人类经验的反映而言,教育与文化之间存在着同构关系。

3. 教育与文化的价值同构

价值这一概念在不同领域、不同学科、不同语境中具有不同意含。从哲学上价值的属人性、整体性和精神性来看,人类的价值是相对于其他物类而言的,自我价值是在自我与别人、自我与社会、自我与人类的关系中而言的,整体的需要高于个人的需要,精神的需要高于物质的需要,人类所追求的最高价值是真、善、美。② 而从人作为文化的存在以及人的生成性属性来看,价值显然不仅仅指

---

① 郝文武:《多元文化发展中德育的终极关怀与多层面价值和方式——兼论当代中国德育哲学的变革》,《华东师范大学学报（教育科学版）》2010 年第 2 期。

② 张岱年:《论价值的层次》,《中国社会科学》1990 年第 3 期。

主体需要的满足，更直指人的超越性，换言之，价值与文化、教育之间存在不可疏离的关系。

首先，文化具有价值内蕴。文化（Culture）的词源义——对自然生长的积极管理——包含了人对自然的塑造与对自身的重塑。人在最初面对自然产生惊诧、不安和追问时，也便产生了克服这种陌生和惊恐以获得生存的性灵张力，这是人潜在的理想自我或者类属性的彰显。我们只要联系地看待生存的经验事实与价值观念，就会发现"文化概念是一个价值概念"①。价值是文化的初衷，居于文化的最高层面。价值观从属于文化的精神层面，居于文化的核心层次，构成人的行为的文化动因，是人对自己或他人的行为做出评价和判断的依据。相较于其他物质因素的作用，价值观、社群文明程度与进步水平关系密切，在国家和民族的发展、社会变迁中起到关键作用。

其次，教育以价值为旨归。世界现代化进程中曾经有一段时间风行价值无涉的教育观。有人从实证主义出发科学主义化地理解教育，彻底划清教育与价值的界限，把教育当作纯粹的知识传授行为而保持价值中立，主张去道德化的教育。随着现代化进程的深入对人的认识观念的改变，新的价值教育浪潮刷新了科学主义的教育观，倡导注重教育的价值属性和通过教育传递社会倡导的价值观。人是目的性的存在，价值与意义是人的目的性的体现。价值是教育的灵魂，教育负载价值；教育是依照生活的需要而从事提升人的生命价值和人生境界的活动，以生活为目的并内在于生活，用价值引导和培育有价值归属的人。

最后，教育与文化具有价值同构性。人类的精神文化非常丰富，政治、法律、道德、自然科学、社会科学、文学艺术、哲学、

---

① 曾小华：《文化：制度与社会变革》，中国经济出版社 2004 年版，第 25 页。

宗教、语言、逻辑，以及情感、风俗、习惯等都是精神文化的范畴，教育的主旨在于精神价值。作为教育内容的精神价值就是精神文化的价值，它是人类创造的一种特殊价值，能够以其丰富的精神世界，"扩展人的思想视野，提高人的文化品位，开发人的精神能量，造就具有灵魂的现代人"①。即使科学本身也是一种具有价值属性的文化现象。科学原本属于广义的精神文化范畴，它从文化系统中分化出来只是现代性以来的事情，并且受到了广泛而深刻的质疑。科学具有认识价值、社会价值和审美价值。西方思维的理性化特征导致了教育注重科学教育的倾向，而把重视科学教育直接等同于注重科学所产生的客观效果和客观科学知识，则将科学教育取向推向了狭隘化和极端化；文学、艺术是人类精神丰富性和思想深度的体现，文学艺术也是人类自我观照、自我认识、自我批判与提高的一种审美方式，它能够提升认识，陶冶情操，净化灵魂，保持人的积极乐观的生活态度，激发人们的想象力与创造力，丰富人的精神生活②；教育中的政治思想和法律思想、道德、哲学与宗教等内容的教育可以宽泛地归为意识形态的范畴，其价值属性更是不言而喻的。

4. 道德教育处于文化的核心层次

每一种文化都是一种结构，"是一种有相互依存性的系统，并且具有按某种感到合适的方式分隔和排布的形式"③。"文化体系必须具备最低限度的一致性"④，这种一致性的表现之一在于，任何一

---

① 吴亚林：《价值与教育》，北京师范大学出版社 2009 年版，第 8、245 页。

② 同上书，第 246 页。

③ ［美］克莱德·克鲁克洪：《文化与个人》，高佳等译，浙江人民出版社 1986 年版，第 31 页。

④ ［美］克利福德·格尔兹：《文化的解释》，纳日碧力戈等译，上海人民出版社 1999 年版，第 20 页。

个文化都客观存在着一种充当统摄力和整合力的核心价值观念，这一核心价值观，马林诺夫斯基称之为"宪纲"，本尼迪克特称之为"主要动机"，克罗伯称之为"文化原型"，斯宾格勒称之为"主导象征"。社会核心价值观是文化体系的核心，相应地，以核心价值观为主要内容和主导的德育在文化大体系中同样居于核心地位。文化成就和赋予人以特定的生存和生活方式，德育则是文化体系运行中决定着人的价值观、人生观，规约着特定文化的成员群体大致走向的统摄和整合因素，如此，德育居于文化的核心层次。

三 大学的文化身份

大学是社会发展到一定阶段的产物，大学在欧洲的产生带着世俗政权与宗教政权角力中的鲜明神学印记。早期一些有影响的大学中，教师多为医学、法学、神学方面的专家，因而，中世纪欧洲最早的一些大学分别成为当时相关学科方面的研究中心，如萨莱诺大学为医学中心，博洛尼亚大学为法学研究中心，巴黎大学为哲学及神学中心。

（一）大学发展形态划分中的文化身份折射

克拉克·科尔基于大学外在规模的显著扩大和大学功能内在性质的变化，对现代大学的形象做了比喻式的概括。他把 19 世纪以前的大学比作"一个居住僧侣的村庄"，将 19 世纪以后至第二次世界大战以前的大学喻成"一座由知识分子垄断的城镇"，把第二次世界大战之后的大学拟为"一座充满无穷变化的大都市"。

赫斯获对大学做了三阶段的历史变迁划分。从中世纪至产业革命为第一阶段，这一阶段的大学致力于探求高深学问，具有超凡脱俗的性质，誉为"象牙之塔"；从产业革命到 20 世纪初为第二阶段，大学以技术为中心进行专门的职业教育，加强了大学教育的实用性；20 世纪初以来的第三阶段，新技术革命促成了大学的大众化趋势。

　　哈罗德·珀金的四阶段说在严格意义上并不是对大学的划分而是对高等教育发展的划分,但大学与高等教育之间有着十分近似的发展轨迹:12 世纪到 17 世纪中叶,中世纪的大学适应社会环境并得以生存;17 世纪中期到 19 世纪中期,英国大学衰落和复兴。经院哲学盛行,学术气氛沉闷,部分学校关闭。19 世纪英国开始创立新大学,高等教育复兴;19 世纪洪堡创立柏林大学,大学体现出专业研究的理念;20 世纪 60 年代至今,大学发展成为社会的轴心机构。

　　赫斯获的三阶段说主要以社会历史发展进程的标志性转折为划分的节点依据,按照工业革命、信息革命对社会生活发生的巨大影响为参照,将中世纪以来、大学组织正式产生后的历史划分为三个阶段;而哈罗德·珀金的四阶段说则主要以社会生产生活方式的重大历史性变革影响下,社会文化思想系统(如欧洲启蒙运动)与高等教育自身发展的重大变革为线索。哈罗德·珀金将 17 世纪中期到 19 世纪中期的英格兰大学发展单独划分出一个发展阶段,看起来突兀,但实际上这一时期英格兰的大学状况集中反映着大学作为文化组织与政教合一的国家政权之间的关系,这一时期英格兰仅有牛津和剑桥两所大学,这种高等教育的僵化局面具有教育史上的特殊意义,并且这一时期与后来纽曼大学理念的提出以及纽曼大学理念对高等教育的巨大影响之间有不可忽视的因果关系。

　　从大学发展的历史可以看出,大学的发展总是与社会经济领域或者思想文化领域的重大变革相伴随的。经济和文化的变革宣示所处时代的特征,同时也提出历史性的诉求,从而引发和推动大学组织形态的嬗变。在适应和引导社会变革的过程中,在大学组织从最初孤立于社会之外的"象牙塔",经由游离于社会边缘的"社会服务站"发展成为处于时代中心的"社会轴心",这一演变轨迹中,大学的培养模式和育人取向也在"精英教育"到"大众化教育"的转变之后步入了"普及化"阶段。

（二）大学组织形态嬗变中的文化主线

从历史发展角度来看，人类社会迄今经历过农业社会、工业社会、信息社会三种形态。高等教育界有这样一种观点：在农业社会，大学与世俗社会相隔离，成为人们心目中的"象牙塔"；工业社会，大学发生了面向社会的转向，但它只是边缘化的社会存在；步入信息社会之后，大学从社会边缘走向社会中心。在数百年的教育史中，大学完成了从最初的"行会组织"到"象牙塔""社会服务站""社会轴心"的地位转变，在这一过程中，大学自身的规模和职能发生了沧海桑田的变化，社会对大学的意义和价值的判断也不可同日而语，但大学是文化的存在方式这一事实却始终没有改变过。

1. "象牙塔"：农业社会的大学

首次把大学比拟成"象牙塔"的用法，有据可考的文献资料是美国教育家约翰·S. 布鲁贝克的著作《高等教育哲学》，书中提到：19世纪法国作家查尔斯·奥斯丁·圣伯夫把大学称为"象牙塔"。显然，圣伯夫不是在"概念"而是在"象征"的意义上使用这个词语的，他借用"象牙塔"来揭示大学作为"一个按照自身规律发展的独立有机体"的显著特征。

象牙塔的精神实质是与古代理性和宗教精神相一致的，大学把"高深学问"作为崇高的志业和操守来追求与恪守。大学产生后相当长的一段时期内，接受高等教育都是少数人的特权，恪守精英教育的传统，以追求真理为目的，只做关于科学、学术、艺术本身的纯学问研究，"为科学而科学""为学术而学术"，"'为艺术而艺术''为真理而真理'的价值准则，崇尚'学术自由''学术自治''学术中立'的'学者人格'，自觉地维护大学作为'社会的良心'

之神圣殿堂的不屈精神，'象牙塔'的存在基石便由'理性—科学'和'神性—信仰'来共同构筑。"① 中世纪的一批古典大学，如牛津大学、剑桥大学，就致力于培养绅士，注重思维的训练，拒斥科学研究。

中世纪是信仰的时代，教育也受制于教会，因而一切信条不能与宗教所宣示的真理相悖，经院哲学盛行。经院哲学是宗教运用理智寻找真理的依据，此种哲学在先验和信仰的挟制下教条而烦琐。所以，尽管经院哲学促使了人们对理性的探求，但也造成了文化和大学教育的僵化。大学长期以来处于社会的边缘而远离社会的中心，以至于"看起来像完全脱离了校外的时事一样"，"它摆脱了外界的束缚，放弃了暂时利益，成为保护人们进行知识探索的自律场所"②。

"象牙"表征高贵、圣洁与坚韧的品质，"塔"则具有宗教性的神圣与神秘。以"象牙塔"寓指大学则赋予了大学高贵的文化品位和崇高的精神地位，但作为社会文化组织一旦被过分渲染其"超凡脱俗"的性质，则同时也是对这种组织机构脱离实际、脱离民众、"不食人间烟火"的指摘。

在农业社会，大学是思想家和学者的乐园，还有一个不容忽视的身份——"传教士的村庄"。大学在发展学术思想和培养人才方面做出过杰出贡献，但在经济发展方面的贡献率则是微乎其微的。在这一时期人们对大学"象牙塔"的称谓，一方面缘于当时的大学只研究高深学问，另一方面缘于当时的大学游离于世俗社会和现实生活之外。

---

① 张祥云：《大学教育：回归人文之蕴》，中山大学出版社 2004 年版，第 55 页。

② ［美］约翰·S. 布鲁贝克：《高等教育哲学》，王承绪等译，浙江教育出版社 1987 年版，第 15 页。

2. "社会服务站"：工业社会的大学

近代西方启蒙运动将科学从神学的奴役中解放出来，人的理性也逐渐开始替代神的意志，重视客观世界和现实社会的教育成为主导，传统文学、神学的崇高地位被颠覆，职业教育也应社会分工细化的要求而日益专门化。

欧洲大学早在16世纪已经初步开始摆脱"象牙塔"，英国牛津和剑桥高等教育垄断局面的打破、城市学院的建立及迅速发展壮大，推动大学走出"象牙塔"。英国工商业城市相继建立的一批学院，积极适应社会发展需要，摒弃传统大学刻板的管理方式和僵化的教学内容，从实际需要出发开展教学和研究，"学院本身也成了当地的工商业研究中心，如利兹学院是纺织研究中心，谢菲尔德学院是钢铁研究中心，伯明翰学院是酿酒研究中心，利物浦学院和纽卡斯尔学院都是航海研究中心，伦敦学院是机电研究中心，诺丁汉学院为乳制品研究中心，雷丁学院是机械制造研究中心等"[1]。大学开始由处在社会外的边缘迈向社会中心，开始介入社会经济生活。

19世纪初，洪堡在国运危亡中临危受命推行普鲁士大学教育改革，创办柏林大学，倡导开展专深的学术研究。洪堡提出"大学之所以成为大学，是因为大学的目的是追求科学，而其他学校只是学习既成的知识"[2]。科学研究成为继教学之后大学的又一职能，这是大学理念一个划时代的变化，其后大学与社会文化、经济、政治生活的关系由疏离日益走向切近，大学在社会生活中也逐渐发生由边缘向中心的位移，大学发生着作为"国家的文化堡垒"的身份转型。有关普鲁士高等教育改革被认为是德国复兴的起点，德国的大学成为其他国家竞相模仿的对象，洪堡式的大学被认为是现代大学

---

① 朱国仁：《从象牙塔到社会服务》，《清华大学教育研究》1999年第1期。
② 黄俊杰：《大学理念与校长遴选》，台湾通识教育学会1998年版，第60页。

的原型和现代研究型大学的先驱。

3. "社会的中心"：信息社会的大学

随着信息社会的到来，整个社会、机构和个人空前需要和要求知识，"大学作为知识的生产者、批发商和零售商，不仅介入社会生活，而且大学的边界更是伸展到能够拥抱整个社会的程度"①。知识传授、科学研究并不是自发有益于社会的，20 世纪初范海斯提出社会服务作为大学主要职能之一，这一观念促进了大学通过直接社区服务，使"有益于社会"成为自觉的实际功能。当今时代，在知识成为经济增长方式的启动器和发动机甚至在某些方面起到决定作用的情势下，大学与社会的关系越来越密切，交往越来越频繁，大学的组织结构发生了巨大的变化，不仅仅是国家教育的中心，并且上升到国家生活的重要层面，发展为社会"轴心机构"。

由于信息技术产业和市场经济体制的带动，经济文化领域的全球规模交流活动普遍化，国际流动性和依存性不断提高。为适应更多国际分工和竞争的需要，大学施行开放办学，开展教学、科研和包括专家学者在内的学术资源的国际交流与合作。高等教育日益全球化和国际化，促成了新的国际高等教育质量标准的确立，方便教学、科研的国际交流与合作，为大学在世界范围内尽可能广泛地服务社会提供了有利条件。

"大学的存在时间超越了任何形式的政府，任何传统、法律的变革和科学思想，因为它满足了人们的永恒需要。在人类的种种创造中，没有任何东西比大学更经受得住漫长的、吞没一切的时间历程的考验。"② 克拉克·科尔曾经作过一个统计，发现在 1520 年以

---

① ［美］克拉克·克尔：《大学的功用》，陈学飞等译，江西教育出版社 1993 年版，第 64 页。

② ［德］雅斯贝尔斯：《什么是教育》，邹进译，生活·读书·新知三联书店 1991 年版，第 143 页。

前全世界建立的组织中，现在仍然用同样的名字，以同样的方式做着同样事情的只剩下 85 个，这 85 个之中有 70 个就是大学，另外 15 个是宗教团体。[①] 这一数据反映出，大学具有与宗教组织在满足信仰的永恒性要求方面的一致性，二者都强调人的精神成长，与宗教组织"传道"所不同的是，大学以"育人"为基本方式来践行自己的人类使命，"没有什么机构能担当起大学的职能，没有什么机构能够占据这个大学已长久地注入了如此多的才智和道德影响的位置"[②]。"最初，大学是为社会精英服务的，而后又为中产阶级服务，现在则为所有人服务，不论其社会和经济背景如何。"[③] 在大学职能的转变中，大学组织由最初的"象牙塔"变为"社会服务站"直至"社会的中心"。

（三）大学的本质和伦理精神

从自身文化的发展线索来看，大学历经漫长岁月，穿过"一个居住僧侣的村庄""一座由知识分子垄断的城镇"，来到"一座充满无穷变化的大都市"，其间摆脱僵化的思维定式和孤傲的自负性格，开拓"入世"的视野和建立服务的胸襟，但也失落了原有的高贵气质和品格，沾染上世俗和功利的尘埃，在价值和工具的抉择中迷失和踟蹰。大学实行科学研究和服务社会的职能仍然有必要恪守"以人为本"的基本尺度，观照人的"全部"和人的"长远"，恪守文化性的大学本真样态，不应该被"大都市"的光怪陆离遮蔽自身的文化本质。科学研究是人认识自己、发展自己、实现自己的工具，大学服务社会的对象在根本上也应该是社会的主体——人，而

---

① 转引自张维迎《大学的逻辑》，北京大学出版社 2004 年版，第 125 页。

② ［美］约翰·S. 布鲁贝克：《高等教育哲学》，王承绪等译，浙江教育出版社 1987 年版，第 136 页。

③ ［美］克拉克·克尔：《大学的功用》，陈学飞等译，江西教育出版社 1993 年版，第 64 页。

不是社会派生甚至异化的现象与功能，大学有必要时刻对自身的"科学研究"和"服务社会"进行文化操守和文化品格的检省，大学始终是关注和守护人类知识与精神的殿堂，必须固守大学的本质和应有的伦理精神。

1. 大学的本质

在大学本质问题上，存在教育本质和学术本质两种对立的观点。

教育本质观主张大学是高等教育中的最高形式，认为大学的影响力不仅仅来源于学术水准，还在于"人"的质量，育人在大学中是不可或缺的一方面，大学是一个传授普遍学问的场所，因而它不是教学场所而是教育场所。关于大学的本质，纽曼提出过他的质疑，"如果大学的目的是为了科学和哲学的发现，我不明白为什么大学应当拥有学生"①。"教育"包含"教"与"育"两个过程，"育"可以涵盖教，"教"却只是育中一个局部的训诲行为，"育"具有比"教"更高级、更高尚的价值取向和运行机制。"教"是工具理性指导的"术"的范畴，而"育"是价值理性指导的"道"的范畴。

学术本质观主张大学的纯学术价值，认为大学是学术的系统，应以学术发展为最根本的目的。作为重要学术组织，大学的本质特性是按照知识和教育的内在特性保持区别于其他组织的教学与学术上的相对独立性。这种观点构成了研究型大学的逻辑基础。

以上对大学本质的两种不同观点，反映了社会历史发展阶段占主导地位的高等教育思潮和不同的社会思潮与教育价值观。教育本质观主要依托人文模式，这一模式可以追溯到古希腊但它的现代形

---

① ［英］纽曼：《大学的理想》，徐辉、顾建新、何曙荣译，浙江教育出版社2001年版，前言。

态则深受文艺复兴影响。学术本质观主要依托科学模式，这一模式大致形成于 17 世纪，受到科学与技术发展及其社会作用扩大的影响。

科学精神是科学模式的灵魂，具有理性、探索求真、怀疑批判等基本内涵，仅仅将科学精神狭隘地理解为实证精神或是实用精神无疑是对科学精神真正含义的误解和违背，科学本身是对自由的追求方式，以真善美为最终追求目标，科学精神即是求真、向善、臻美的精神，大学的科学模式必须恪守科学精神的真正含义。人文精神是全部人类文化的根本精神，是对人的存在与社会发展的终极价值关怀。从广义上以及从根本上说，"科学精神本身就是一种人文精神，或者更确切地说，是人文精神的不可分割的重要组成部分。首先，科学作为一项探求知识和真理的认识活动，它不仅不断提高着人类的思想水平和知识修养，而且它所体现的对真理的无私追求的崇高精神永远激励着人类向着真善美的最高境界奋勇前进"；其次，科学作为一项智力活动，"它不仅不断促进着人类的智力的发展，而且还体现着人类对'更快、更高、更强'的智力的向往和追求，体现着人类不断进取的崇高理想和精神，即奥林匹克精神；再次，科学作为一项与人类的前途和命运息息相关的社会活动，它不仅是一种在历史上起推动作用的、革命的力量，而且还体现着一种为人类服务、为人类的自由和解放而奋斗的崇高理想和精神"①。科学精神与人文精神是深层相通的，而且即使在西方思想史上科学与文化的发展也是一个融合而非疏离的过程，甚至中国近代的"科玄之争"其实也只是源于误解。

综上所述，大学是科学与人文的综合体，人文具有先在性，科

---

① 孟建伟：《探寻科学与人文文化的汇合点——对当代西方人文主义的文化整合思潮的反思》，《自然辩证法研究》1997 年第 2 期。

学是大学的后发的主题,并且因其后来在社会发展中的作用凸显而单列出来,但这并不意味着科学脱离人文而独立,更大程度上表征着对其重要性的充分重视。所以,大学的学术本质是可以划归到其教育本质中的,包括学术性在内的教育本质构成大学的真正本质。

2. 大学的伦理精神

黑格尔认为,一切具有伦理性的实体均是伦理实体。大学作为伦理实体,具有传承知识、寻求真理、学术自由、思想自由等不同于其他伦理实体的本体内在规定性,在基础之上,大学有人本性、宽容性、开放性和批判性等伦理精神。①

人本性。人之成人的过程中在知识、学问、真理、智慧、人格等方面的追求,也正是大学的目的所在。就这一意义而言,大学的最根本伦理精神即为人本性,大学发挥育人功能要以对人的主体性的尊重为前提。故此,人是大学的逻辑前提、中心和归宿。

宽容性。"宽容是基于平等的自由精神而表现出的对异己的容忍、尊重,以及在这种雅量与胸怀中所深藏着的平等包容精神。"②真知在宽容中接近,没有人可以实现对真理的独占,也并不存在"绝对"的真理。正是"兼容并包"孕育了现代大学的学术自由与批判精神。"作为一个以高深学问为核心、由生产知识的群体构成的学术组织"③,大学要求隐性的观念和价值体系代替显性的指令和规则作为主要的协调和控制手段。

开放性。开放性是宽容性的重要内容之一,也是开放性的必然

① 尚洪波:《大学的伦理精神——蔡元培教育思想的伦理研究》,博士学位论文,南京师范大学,2007 年。

② 高兆明:《制度公正论》,上海文艺出版社 2001 年版,第 73 页。

③ [美]伯顿·克拉克等:《高等教育新论——多学科的研究》,王承绪等译,浙江教育出版社 2001 年版,第 23 页。

要求。大学是超越眼前利益、超越当下性的存在，实践、批判与解放是大学的取向。同时，大学又是极富"欠缺感"的存在，它所关注的不仅是自然与社会中的"实然"，更探寻社会发展的"应然"，欠缺感促使大学居于现实而指向未来。大学是社会中的大学，大学的生存和发展依赖来自社会环境的活力，获得社会活力的前提是大学自身的开放态度和自觉吸收。

批判性。大学的开放性与大学的批判性是同一的。大学是具有批判性的特殊社会组织，在事实、真理本身以外，不应当存在任何权威与迷信。在大学里，"一群对自己的专业知识和思想有一种庄严的敬意、不肯屈服于知识之外的压力并严肃追求科学，具有独立人格并以科学为是非准绳的知识分子……具有强烈的批判精神、参与要求和更独立的个性"。"大学与生俱来就具有表达异议的倾向，大学应该是新的、有争议的、非正统的异端邪说的论坛"[1]，大学校园应该是从事社会批判的场所，学者所缺少的不是沉默，不是一致同意，而是"辩论的文明"。

四　大学生的文化精神

所谓大学德育者，必不可忽略对大学生这一群体的具体观照。"从文化传播角度来看，'人才'是一种文化的'凝结物'，一旦它进入社会之中便可看作是点状的'文化源'，这种点状的'文化源'很易集结成片状或体状的'文化源'，即社会的知识群体或知识阶层，从而起到强大的文化扩散和辐射作用。"[2] 通过社会的知识群体或知识阶层的"集结"和"辐射"作用，德育所传达的意识

---

[1]　[美] 约翰·S. 布鲁贝克：《高等教育哲学》，王承绪等译，浙江教育出版社1987年版，第16—17页。

[2]　张应强：《文化视野中的高等教育》，南京师范大学出版社1999年版，第58页。

形态内容才会在文化的流淌中潜移默化地浸润濡染广大社会成员,形成与社会主流文化相一致的社会心理和行为模式。

(一) 大学生在学校教育中的高阶位特征

道德价值和道德规范的选择与安排直接服务于德育目标的达成,德育目标是一个系列化的层级序列。德育内容要依据德育目标做序列化的安排,因为学生道德发展的阶段性规律要求德育内容本身应具有层次性。① 中国德育实践中很早就注意到了道德教育内容的层次化和序列化问题。例如朱熹就说过:"小学者,学其事;大学者学其所学之事之所以"②;"君子教人有序,先传以小者近者,而后教以远者大者。"③ 15 岁以前为"小学",此一阶段德育的主要内容是具体规范的学习,如有关洒扫、应对、进退、衣服冠履、言语步趋等细杂事宜,而后在"大学"阶段则转为"穷理",建立自觉的纲常伦理。④

大学生是年轻一代的知识阶层,这一群体承续本民族优秀文化传统以及吸收其他民族文化精华的能力和结果,将影响国家和民族的文化品质,甚而制约社会文明发展的进程。在作为社会先进分子的现实性上和作为未来社会中坚力量的前瞻性上,他们都对维护和弘扬社会普遍道德原则与核心价值负有更大的责任,具有更重要的意义。

"人类社会的整个思想史,都徘徊在从人的物质存在和人的精神存在的二元分立和同构的立场上来认识人。其实,人不仅是物质存在和精神存在的同构体,人还有另一个方面的存在形态需要加以

---

① 胡守棻:《德育原理》,北京师范大学出版社 1989 年版,第 153—154 页。
② 黎靖德:《朱子语类》卷七,中华书局 1986 年版。
③ 黎靖德:《朱子语类》卷八,中华书局 1986 年版。
④ 张祥云:《大学教育:回归人文之蕴》,中山大学出版社 2004 年版,第 98—99 页。

认识。"① 人的存在是"三位一体"的，可以从物质存在、精神存在和道德存在三个方面理解；其中，人的道德存在对应人的社会性本质，受以情感为中介的人的教育状况、学习程度和修养水平的影响，反之，对大学生的道德教化须与其教育状况、学习程度和修养水平相一致，须符合大学生的心理发展状态和道德成长状态。

1. 大学生心理水平对大学德育的文化要求

高等教育处在国民教育序列的高阶位，是学校教育的最高形式。大学的教育对象——大学生从年龄来看处于青年中后期的人生阶段，生理发展基本成熟，心理发展也达到较高水平，认识能力、情感和自我意识等方面都明显区别于前高等教育阶段学生，并体现出成人特征，因此，大学德育应该实现从知识性特征到文化性特征的演进。

第一，按照人的认知能力发展规律，认知能力的培养遵循从具体到抽象，从直观感知到理性思维的规律，大学阶段学生已经具备较好的逻辑思维、理论思维品质和较好的独立思考、判断选择能力。大学德育在内容方面对伦理规范、道德法则的设置应该考虑到大学生认知和领悟能力层次，过于简单、生硬地交代初级层次道德规则和不求甚解地宣传未经科学化及真理化的政治内容则不但对大学生不产生吸引而且更难达到提高道德素养的目的。

第二，大学生的情感发展状态丰富而细腻，内心世界丰富，情绪情感体验激烈而深刻，爱心及同情心的保有程度较完整，因而也更容易形成和坚持正义感、责任感、爱国主义等高级社会情感，对政治事件和国家事务有判断力，并具有对人类社会普遍观照的人文

---

① 张康之：《道德存在：把握完整的人的必要维度》，《社会科学研究》2006 年第 3 期。

情怀。

第三,大学生的自我意识更明确,自尊心增强,关注自我个性发展;同时,大学生已具备相当程度的主体意识、主体能力,希望获得恰当的主体地位,更愿意通过主体性的思考和行动去选择和安排自己的道德修养过程,自我反省、自我评价行为的发生频率远远高过学校教育其他阶段学生的水平。大学生自我意识和主体意识增长带来的成人感增强,使得他们不再依赖权威身份的道德指导,而是更倾向于通过亲身参与对世界观、人生观、价值观等问题做出自主抉择,实现自我人格整合与道德素养提升。

2. 大学生道德状态对大学德育的文化要求

道德水平发展与心理水平发展之间具有一定的对应关系而且呈现规律性,与大学生已经具有的较高知识水平和生理成熟情况相对应的是道德认知从感性阶段到理性阶段的跃迁,道德判断和道德选择彰显理性特征,不再依据社会道德期待而是根据自主认识和思维做出道德评价和道德选择,进而逐步建立个体道德观念、道德习惯和道德行为模式。在科尔伯格的道德发展水平理论所指出的人的道德判断发展由高到低的水平和阶段中,各阶段的性质不同而又密切联系。大学生处在道德发展的高级阶段,大学阶段德育亦即学校德育的最高阶段,自然也是理性学校德育阶段。

综上所述,大学生在认知、情感和自我意识等方面的主体性成长状况说明大学生已经具备了良好的道德心理基础,所以大学德育有必要做出调整,归流到文化中,以文化的高度和文明的视野,理性引导大学生识别不同道德理论,促进学生道德选择和道德判断能力的提高,帮助大学生坚守主流道德规范体系,引导大学生形成既反映主体需要又体现人类共同伦理要求的道德价值体系。

（二）大学生作为知识分子的文化精神

学校教育无疑是最常规、最普遍的教育形式和教育途径,大学便是造就知识分子的主要场所，大学生是知识分子的最大储备人群，知识分子是"社会的良心"所在，如此一来，大学生的"知识分子"品质如何将对民族国家乃至整个人类社会的文化走向和发展进程都发生或促进或阻滞的规约作用。

"知识分子"对特定群体的指称，不是因其掌握知识、从事学术研究或以学术工作为生涯的情况而划定，更大程度和更主要的是对这一群体内在的、深刻的人文情怀而言。刘易斯·科塞认为，"知识分子在他们的活动中显示出一种对社会核心价值的显著关心……他们根据更高和更广大的真理对当前的真理提出疑问"①。有学者概括出知识分子的如下特质："一是受过相当程度教育，二是受过教育并且从事脑力劳动，三是受过教育并从事创造、传播和使用文化，四是受过教育后气质发生变化，从而在思想与行为上带有人文主义倾向，五是以追求知识为目的，而不是以其为手段，六是能够综合各种思想，超越自己的阶级背景，并且以了解整个社会，解决社会上的问题为职责，七是超越世俗的顾虑，在象征世界中为各种重大问题寻求解答，八是以理念世界来批判现实世界。"②其他学者进一步指出后五项狭义特征揭示了知识分子的人文倾向，这些狭义特征包含着知识分子"溯源与追求'象征世界'的能力和欲望"以及"批判现实世界的良知和责任"，这二者恰恰构成"知识分子"的双重核心特质。③

显然，并非从事特定工作或掌握一定专业技能的人就是知识分子；"知识分子"的首要前提是具备"一种摆脱眼前经验的能力，

---

① 张汝伦：《思考与批判》，生活·读书·新知三联书店1999年版，第521—522页。

② 水秉和：《知识分子的人文倾向》，辽宁人民出版社1989年版，第17页。

③ 杨念群：《儒学地域化的近代形态》，生活·读书·新知三联书店1997年版，第28页。

一种走出当前实际事务的欲望，一种献身于超越专业或本职工作的整个价值的精神"①。故掌握各领域知识的人常见，知识分子却不常有。拥有渊博的知识未必称得上知识分子，知识只是人们认知的对象和产物，而知识分子精神才是知识分子的核心内容，其所经历的头脑和心灵的境界升华，在某种意义上不啻为一次灵魂的涅槃——"使爱因斯坦成为知识分子的，不是相对论，而是他对哲学的思考，对社会的评议，对法西斯的愤怒"②。所以，人文知识分子，或者说具有人文精神和人文情怀的知识分子才是真正的知识分子，他们在专业工作以外对国家、民族乃至人类社会投以超越狭隘私利、依循人类共同价值的、深切的关怀以及强烈的责任感与使命感；他们身体力行地致力于伦理规范、意义模式、生活样式等的建构与阐释。

"知识分子群体的精神性是衡量知识分子真义的内在尺度，因为本质意义的知识分子就是内蕴着精神的知识分子，就是'人文'知识分子"③，也才是纯粹的知识分子。虽然"在整个历史上只有极少数的知识分子符合这个形象"，但是"没有了他们，知识分子这个词便将暗淡无光"④。正因如此，知识分子的真实内涵才需要被完整地揭示出来，知识分子精神才需要被唤醒。

高等教育所要助力学生成为的"知识分子"绝非"有知识分子"，因而，大学所应传授的是"文化"，因为只有以丰富的文化培养人，社会才能有效地抗衡现代性外显层面的机械和物质定律的支配。而文化态度和文化立场的教育所追求的"美"与"善"

① ［美］刘易斯·科塞:《理念人》，郭方等译，中央编译出版社2001年版，第2页。

② 潘维:《论我国当代知识分子的"官本位"和"金本位"意识》，赵宝煦:《知识分子与社会发展》，华夏出版社2003年版，第115页。

③ 刘亚敏:《知识分子与大学精神》，《高等教育研究》2005年第9期。

④ 王小波等:《知识分子应该干什么》，时事出版社1999年版，第165页。

可以挽救社会于"知识"支配下可能陷入的社会无序状态。大学德育更应该以人文主义的自觉不断地检视和反省自身是否失去了文化——这一辅助大学生主体性生成的应然和必然的介入点。

第四章

大学德育的文化持守

文化形态是文化共性和文化个性统一于其中的整体性存在。一般来说文化形态既处在自身发展过程历时性的文化传统中又处在与其他文化形态共时性的文化主题中。当前中国文化内在自身发展源流的意义上，其传统即是以儒家思想为核心的中华民族文化传统以及五四新文化运动以来在我国逐渐发展并在中华人民共和国成立后居于主导地位的马克思主义文化传统，与之相对应的，当前我国大学德育的文化境遇主要是民族文化传统断裂以及西方资本主义文化挑战。以当前中国文化所处的为世界多数文化形态所共有的共时性文化共性特征而言，其主题可以概括为"现代化"。在这一主题下，结合当前世界的全球化发展趋势和信息化特点，当前我国大学德育面临着具体的文化矛盾，也承担特定的文化使命。

第一节　现代化转型对传统文化的挑战

一　文化发展进程的全球化主题

"由于开拓了世界市场，使一切国家的生产和消费都成为世界性的了……过去那种地方的和民族的自给自足和闭关自守状态，被各民族的各方面的互相往来和各方面的互相依赖所替代了。物质的生产是如此，精神的生产也是如此。各民族的精神产品成了公共的财产。"① 马克思的这段经典论述科学地预见了经济全球化发展趋势及其必然导致的文化全球化的结果。

（一）人类性：全球化的内在矛盾特征

虽然全球化已经遭到了世界各国精英阶层的强烈抵制和反复预警，也不管全球化论调的初衷与目的如何，文化的全球趋同化发展已经成为不争的事实，因为全球化与现代化有一致性，而凡是有利于生产发展和生活改善的东西就很容易被不同国家、不同文化所吸收，现代化的福利性质必然引起人们意愿和行为的趋向，这是无法阻挡的。全球化在直观的维度给发展中国家和地区带来机遇，也引发了这些国家和地区的身份缺失与认同危机，同时带来文化大众化对精英文化的边缘化冲击。从内在矛盾维度看，全球化的内在矛盾在文化层面体现为人类性与阶级性矛盾之下是否承认民族文化、民族发展的合理性问题。西方发达资本主义国家把资本主义的生活方式及与之相适应的政治、文化强加于一切民族，否定其他民族国家文化存在和发展的合理性，而人类性则强调各民族文化存在和发展的合理性，提倡文化多样性，反对单一性文化。全球化内在文化层面的矛盾在发展和转化中也体现人类行为的性质特征，人类性越来越成为全球化内在矛盾的主要方面。20 世纪七八十年代以来，全球化中诸如生态环境、人口等一些与人类性紧密相关的问题引起了世界各国普遍共同的关注，全球化所蕴含的多样性、差异性的思维方式在政治、经济和文化领域成为主导思维方式。

（二）文化霸权：全球化的隐性机制特征

西方发达工业化国家通过教育、广告和传媒将自身社会的生活方式和价值观念作为标准为发展中国家创设一个参照系，引诱意志

---

① 《马克思恩格斯全集》第 4 卷，人民出版社 1995 年版，第 89 页。

薄弱者追随仿效，直接造成这些国家文化传统被瓦解的后果。西方价值观念、意识形态经由信息媒体工具在世界范围内传播，优势经济和高科技支撑的大众传媒及文化产业化发展使文化变为日常消费品，文化商品化和消费化促成了西方文化的强势地位。西方文化的非理性特征正逐渐消解着民族文化认同的作用。

（三）文化阶层的分化：全球化的文化运行特征

全球化导致的文化价值多元化取代了旧有的规范，消解着传统的经典价值观念，在文化的现实运行层面呈现为社会文化阶层的精英化与大众化的分化。文化社会阶层分化的发展趋势体现出一些实际变化：文化内涵扩大而文化感召力下降；文化结构中的主体文化被非主体文化超过，甚至遭受亚文化和反文化的侵占与淹没；文化功能上的教育和审美功能在弱化，而娱乐和消费功能在强化；在文化取向上，人们倾向于流行和时髦，而回避庄严和严肃。①

二　现代社会对传统社会的冲击

与社会现代性相一致的是政治法制化、经济工业化、社会城市化和流动化、人的独立性和平等性、文化上的观念理性化和经济主义等特点，这些性质无疑与传统社会之间存在不可调和的矛盾。

现代化向传统社会的生产生活方式发起冲击，城市化对土地的侵占、流动性对安土重迁观念的挑战、规模化经营对小农经济自给自足生产方式的淘汰，都体现出现代性与传统乡土社会的背反。现代社会与传统社会的差异，不仅体现在社会结构及其运行方式上，而且体现在维系社会成员交往秩序的理念层面。在这个问题上，现代社会所要求的法治、契约、理性等规则的确定性与传统人情社会的标准含混所造成的价值模糊之间形成鲜明对立。

---

① 郈正：《马克思主义文化哲学》，吉林人民出版社 2007 年版，第 116 页。

现代社会的经济运行机制是市场经济，市场经济的文化精神以功利为核心价值观，而中国传统文化精神鄙视物质生活，重视精神生活，轻看利益，重看意义，是一种追求道德完美主义的泛道德文化。市场经济遵循交换原则，交换关系成为社会关系的直接基础，谋取经济利益和创造财富合理而正当。旧的义利观动摇，拜金和物欲等思潮随之出现。以"信"这一中国传统文化重要而有价值的伦理取向为例，其在传统道德体系中占有非常重要的地位，不仅作为处理人际关系的准则，而且是个体安身立命的根基。天子"桐叶封弟"，领政大臣"立木赏金"，店家的"童叟无欺"，朋友间的"托孤救赵"等道德行为主体实际上都是非匿名的，都处在与熟悉的他者的关系之中，即使履行诺言的难度高、代价大也必兑现承诺，因而也便具有更高的美德意义及道德垂范作用。而当社会步入现代化进程，城市化和流动性改变了乡土社会的熟人社会和人情社会的性质。与陌生人的交往在人与人的交往活动中所占比重很大而且这一状况将随着现代化进程而逐渐加剧。随之而来的是"信"的传统道德共识在社会向现代化转型期间的失落，有悖诚信原则的行为在传统社会道德体系瓦解、契约型社会的道德监督机制尚未健全的过渡带频频出现，这一社会问题有待随现代化进程深入由以"理性"而非"人情"为基础的社会普遍伦理规范协调解决。

市场经济除了与传统文化义利观之间存在矛盾之外，还造成了精神文化的商品异化和精英文化对大众文化的式微。大众文化是以商业利润为目的、以现代传媒为手段的快速流行的文化。精神文化的实质是人对永恒问题与终极价值的思考与追问，本身并不构成商品，不具有功用也不能成为交换对象。但是精神文化取得物质负载形式以后就成为文化产品，有实用价值和商品属性。文化的价值意义屈从于文化产品的逐利本性之后，文化的精神性越稀释、文化的价值意义越浅薄，文化产品的传播和交易越畅通。这也导致精英文化、高雅文化在与大众文化、庸俗文化的竞争中落败。

第二节　现代政治文明的特征变化

从政治本体的角度来看，政治的价值可以分为目的价值和工具价值，"合法性的目的价值可以被描述为团结和认同。合法性的工具价值可以从政策制定的有效性方面进行讨论"。政治对意识形态的影响就是出于实现社会团结和认同的目的价值。

一　意识形态与政治文明

在政治的语境中，"意识形态"一词带有鲜明的政治属性。那么，必须首先强调意识形态作为一类观念的总称使用时，其观念不是指任何观念，而是指政治观念；其价值不是指任何价值，而是那些具有政治取向的价值；其所指信仰不是任何信仰，而是那些具有特定思想控制力的信仰。

意识形态既是一种自身内含理论体系、价值体系的观念性的信仰系统，又是一种认识、评判、改造现实的可操作的方法工具。这样一来，一方面"它对特定行动和世俗实践赋予了广泛的意义，使社会行为具有更高尚、更荣耀的性质"，另一方面意识形态可能成为"卑劣动机和表现的外衣"，因为它"强调在行动—原则的背景下的个人行为"①，这就是说，一旦说服性、强制性的沟通手段成为政治发展和社会控制的强力工具时，意识形态作用的局限性和负面效果也将随之暴露无遗。所以政治通过意识形态对个体行为提出合原则、合规范的要求本身也要具有意义合法性与目的正当性，通常

---

① ［美］戴维·E.阿普特：《现代化的政治》，陈尧译，上海世纪出版集团2011年版，第199、234页。

这种合法性与正当性来源于意识形态的优越性假设，即在于假定其具有与更高级生产方式相适应的人类意识的高度发展水平之间的一致性。

（一）意识形态的形式变化

现代社会意识形态的形式可以分为信条形式和科学形式。信条形式容易导致分歧争端或暴力强制。除非信条本身就是颠扑不破的真理性存在，而如若信条自身具有充分的真理性的话，必然可以通过科学式的探究的逻辑确定自身的政治价值与目的。所以，在现代社会，科学的形式是意识形态更富有生机与活力的形式选择①，当然这里的科学不独指自然科学，更适合针对社会科学。② 对此，现代社会意识形态的具体情况已经提出了佐证，很少有哪种意识形态是纯粹教条化的，大多数意识形态都融合了古代传统思想和现代先进思想的精华，普遍带有为最广大民众谋福祉的价值诉求，而产生精神上的鼓舞力与号召力。

（二）意识形态作用的时效性特征

现代化社会中，"意识形态并不是建构共识的持续基础"③，其作用的发挥具有时效性特征。大多数意识形态只是在一段相对短的时期内发挥重要作用，能够偶尔对社会生活和政治生活做出令人满意的解释或提出有效的指导计划，主要发生在革命准备或政治体系变迁之际，意识形态对旧有政治局面的现实困境的批判与忠告，以及对未来新的政治前景的主张和规划。

总之，意识形态形式的科学化发展趋势以及意识形态的时效性特征，决定了发掘意识形态的真理性、稳定性的核心内涵在实现政

---

① 此观点由迈克尔·波拉尼在 20 世纪 50 年代末提出。

② ［美］戴维·E. 阿普特：《现代化的政治》，陈尧译，上海世纪出版集团 2011 年版，第 236 页。

③ 同上书，第 327 页。

治目的价值中的重要性。意识形态所蕴含的真理性特质与稳定性内涵，仅仅靠政治语境中的自说自话与循环论证是无法澄明自性的，有必要从超越意识形态的层面加以阐述。而当我们向更延展的历史维度和更广阔的社会结构中去找寻意识形态的上层归属时，文化作为人类主体性存在方式经受过历史过滤和时代遴选的特质无法不引人瞩目。

二　现代政治文明的文化特征

早在人类第一个阶级社会形态与社会政治学滥觞之际，先哲亚里士多德就曾指出"政治学的终极目的是为大家所最重视的善德，也就是人间的至善"。人类社会在经历了专制集权、殖民霸权、政治阵营对峙以及冷兵器战争、常规战争、科技升级战争之后，保障民生成为越来越多国家对内事务的主要关注点，"和平与发展"成为越来越多主权国家致力维护的世界主题，亚里士多德对政治学宗旨的定位仍然不断地被当代政治文明发展趋势及政治文化研究取向所印证。

（一）现代政治文明的全球化特征

德国前总理施密特说过："全球化话题是个实践—政治话题，也是个社会—经济话题，此外，它还是个思想话题。"① 从经验层面看，当今国际社会确实在全球化的整体性和结构性历史过程中体现出政治民主化、经济市场化以及文化多元化、世俗化等多方面的发展的相似性。尤其通信网络技术的普及和教育水平的提高，令文化传播的步伐加快，文化多元化的趋势日渐明显。一国的优秀文化不再是某一国的专利，而是属于整个世界，民族文化超越了民族疆界

---

① ［德］赫尔穆特·施密特：《全球大变革——全球时代的政治、经济和文化》，柴方国译，社会科学文献出版社2001年版，第3页。

为更多的人所了解和认同，这有助于人们在更高的层次上达成共识，也规约了现代政治文明发展的文化取向。

1. 政治文明的价值意含

从根本上，政治文明描述的无非是人与群体或社会的关系中进步的、合理的成分。在政治文明的关系中，个体作为建制化的社会组织的成员而存在，与之相对应的无疑是作为整体的国家和政府。因此，政治文明的人与社会的关系在现实关系中可以进一步还原为人民和政治权威的关系。也即，所谓政治文明就是指人民与政治权威关系中进步、合理成分的历史积聚过程和状态。而增进政治文明就是要最大限度地增强这一关系中进步的、合理的成分。通过历史维度的考察可以发现：价值定位与制度安排的结合构成人民与政治权威的基本关系模式。在大多数古代社会，政治权威被认为是与神有关而与人无关的，因而在价值上高于人民，为此，种种制度便倾向于人民对政治权威的依附、服从和义务的安排；而在现代社会，政治权威价值上被看作是为人民服务的，是人民的公仆，于是，它们在制度上被界定为是一种政治上、法律上的契约关系，这种关系越发展，在现实制度中贯彻得越彻底，则政治权威与人民的关系就越合理，政治文明程度也就越高。① 古代社会向现代社会转变取消了政治权威来自"上天"或"神"所赋予的价值优越性，随之而来的还有人民对政治权威的依附和无条件服从关系转变为人民与政治权威的平等和有条件服从关系。那么，在原有的隶属型政治关系中维护政治的目的性价值得以实施的权威因素消失后，由什么来接替和填补"权威缺位"的平权型政治关系中的维护"团结"和建构"共识"的职能？显然，在人民与政治权威的契约关系中双方具

---

① 程竹汝：《政治文明：历史维度与发展逻辑》，上海人民出版社 2004 年版，第 169—170、14—15 页。

有平等的政治主体地位，所以兼顾社会成员的个体利益和社会组织的整体诉求将成为维护政治权威的合理标准，而对利益个体的差异性需求和利益整体的历史性发展趋势的价值关怀维度与文化对人的主体性存在的观照维度之间具有同一性。

2. 全球化：现代政治文明的背景

与社会形态演进和社会发展阶段推进同时发生的，是政治文明程度的不断进步。人类社会发展史表明，政治文明达到的层次越高，能对它产生影响的各种主体性因素和变量就越丰富，而客观性因素发挥作用的空间就相应收缩。[①] 其中包括，地理环境作为客观性因素对政治文明的影响日渐式微，政治文明的地域性特征弱化。在现代社会之前，不同政治文明具体样态之间共时性的对话和相互影响所受到地理屏障和技术障碍的制约情况在范围、广度和深度方面就已经变得极为有限。在以信息技术为基础的全球传导机制和以跨国资金流动为基础的全球经济一体化进程的推动下，当代政治交往的各种天然屏障及人为壁垒进一步瓦解，不同政治文明间的对话已经成为现代政治文明发展的主流趋势和必然选择，人类历史经历着由"民族史"到"世界史"的转化。从世界范围来看，政治文明所呈现出的全球性特征越来越明显。

3. 相互对话：现代政治发展的趋势

在现代政治文明的全球化背景下，"对话"正在逐渐取代"对抗"成为政治主体解决对立和冲突的首选方式。2011年《中国的和平发展》白皮书提出，"要以命运共同体的新视角，以同舟共济、合作共赢的新理念，寻求多元文明交流互鉴的新局面，寻求人类共同利益和共同价值的新内涵"，这是中国向世界发出的寻求各国合

---

① 程竹汝：《政治文明：历史维度与发展逻辑》，上海人民出版社2004年版，第165—166页。

作应对多样化挑战和实现包容性发展新道路的，也是对正在呼唤形成并逐步获得国际共识的、以应对人类共同挑战为目的的全球价值观的回应。全球价值观包含相互依存的"国际权力观、共同利益观、可持续发展观和全球治理观"①，然而，就目前国际社会现实来看，各国价值观仍主要服务于自身的现实利益，文化要素在"同一"或"不同"的政治体系中影响着政治沟通，正如美国政治学家阿伦·威尔达夫斯基所言，"文化，作为一种社会过滤机制，有助于人们形成政治好恶"②。如何保证国际政治各实体不是从短期国内政治需求出发而是真正从全人类长远利益出发来思考和决策，这不再是单纯的政治问题，而具有更深的文化实质，至少是一个全球政治文化的课题。

（二）现代国家对内职能变化

依照政治学的观点，国家对内职能主要有政治统治功能和社会管理功能；现代社会中，前者政治统治功能弱化、后者社会管理功能强化，二者的制衡关系在动态中达到新的平衡。国家发挥社会管理功能的过程也是谋求国家治理的过程，西方政治学理论的发展反映了社会治理活动由"去政治化"到"反政治化"再到"非政治化"的思想历程。③ 中国特色社会主义的国家治理，既强调阶级性也突出社会性：阶级性不是通过"阶级斗争为纲"的革命斗争与群众运动来体现，而是主要通过社会意识形态领域中的社会主义核心价值体系与社会主义核心价值观在国家治理中的指导地位体现；社会性主要通过政治、经济、文化以及社会职能的发挥来实现治理。

---

① 曲星：《人类命运共同体的价值观基础》，《求是》2013 年第 4 期。
② 田为民：《文化与权力——解读当代西方政治沟通理论研究中的文化取向》，《社会科学战线》2001 年第 2 期。
③ 刘柏志：《文化视野中的公共行政：一种政治走向》，硕士学位论文，中国人民大学，2005 年。

文化是内生的，因而文化的变革是在结构上最深层、在效果上最深刻的变革，"真正把人们维系在一起的是他们的文化，即他们所共有的观念和准则"①。在这个意义上，"文化，这种积累起来的精神和思想的习惯为政府设下了限制"②，中国特色社会主义的国家对内职能发挥过程中必须兼顾文化维度。

（三）政治文明的德育体现

文明强调人类的共同价值，是文化中被普遍承认为具有合理性与进步性的内容。社会政治文明则是社会文化中的大多数社会成员对待政治生活的合理性倾向，也即当社会多数成员都具对待政治生活的合理倾向才有可能构成社会政治文明。在政治文明中包含政治文化和政治法律制度两个要素。政治文化无疑具有文化属性，即使政治法律制度也被指出具有源自"文化母体"的基因。喀麦隆著名思想家伊彤加·曼格尔勒·丹尼尔提出"文化为体制之母"，我国学者将此观点进一步解读为："政治文化就是人类最基本的政治生活方式与政治行为模式，是一种对政治目标与价值意义的追问能力。"③ 可见，政治文化是政治文明的灵魂，文化向度是政治文明建设必然的取向。

政治教育是人类阶级社会普遍存在的一种社会实践，但在不同国家有不同的具体称谓，英国、加拿大直接称之为"政治教育"，我国称之为"思想政治教育"，美国、法国称之为"公民教育"，德国称之为"政治养成"，日本称之为"社会科"，其他国家和地

---

① ［美］塞缪尔·亨廷顿、劳伦斯·哈里森：《文化的重要作用——价值观如何影响人类的进步》，程克雄译，新华出版社 2002 年版，第 120 页。

② ［美］安吉洛·M. 科迪维拉：《国家的性格：政治怎样制造和破坏繁荣、家庭和文明礼貌》，张智仁译，上海人民出版社 2001 年版，第 33 页。

③ 文小勇、石颖：《政治文化：母体、存在方式、价值与能力——兼对"体制之母"文化的现实解读》，《宁波党校学报》2004 年第 2 期。

区还有"国民教育""政治社会化"等称谓。总而言之，政治教育是社会政治共同体为提高其社会成员的政治素质所实施的教育活动，反映特定政治体系的利益和要求，政治教育的内容以主导政治文化为核心，同时政治教育是政治文化的存在方式和传播途径。政治教育有维持、改变、创造政治文化和整合亚政治文化的功能，是政治文化延续和发展的主要途径。

政治与道德都是统一的社会经济形态的反映，作为社会主导的政治和道德在方向和性质上始终是一致的。但是二者又是有区别的，政治对应阶级社会，为生产关系服务，具有政治权力优势地位者就是教育者；道德对应人类社会，维护社会关系，道德上合格的人才是名副其实的教育者。政治教育中可能有不平等，甚至欺骗、蒙蔽等特征，可以是不道德的或者非道德的；而道德教育则以道德上人格平等为特征，不允许以不道德的手段来达到道德教育的目的。

在德育中实施政治教育时应该考虑：政治要求是不是合乎道德？提出政治要求的阶级或政党本身是否具备良好"道德人格"？是否具有"道德合法性"？这些政治要求是不是可以被接受和理解？实现政治要求的手段和方式是否合乎教育学的要求？在现代政治文明社会，人民与政治权威的契约关系中双方具有平等的政治主体地位，所以兼顾社会成员的个体利益和社会组织的整体诉求将成为维护政治权威的合理标准，而对利益个体的差异性需求和利益整体的历史性发展趋势的价值关怀维度与文化对人的主体性存在的观照维度之间具有同一性。政治素质归根到底是一种品质，它是一种写意而不是一种实体。品质是与人直接合而为一的存在，而不与政治直接合而为一。马克思主义认为"实践是人的存在方式"，一切人类实践的结果恰恰是文化，而政治属于文化的一种具体体现形式。所以，思想政治教育的基本属性是文化的。

第三节　我国文化格局的内蕴价值

现代性和全球化瓦解着既往的秩序与传统，对在不安定和变动中动荡的社会状况，马克思这样描述："一切固定的僵化的关系以及与之相适应的素被尊崇的观念和见解都被消除了，一切新形成的关系等不到固定下来就陈旧了，一切等级的和固定的东西都烟消云散了，一切神圣的东西都被亵渎了。"① 大学历来是社会精英政治社会化的主要场所依托，也是新思想层出不穷的精神高地。在全球化潮流势不可挡的情势下，在中国社会现代化转型的历史进程中，教育、大学和德育都要保持文化自觉，对中华民族的文化历史有自知之明，并对其发展历程和未来有充分的认识，自我觉醒、自我反省、自我创建。② 下面我们从文化的结构体系构成和发展进程中的主题角度，作以德育相关性切入，分析我国当代文化成分之间的价值关系以及全球化主题下的文化问题。

一　文化结构的内蕴价值

依据文化的一般共性特征，人类文化形态中存在价值认知的普遍共识和价值选择的一致取向，所以不同文化形态中往往存在共同的价值成分。文化的整体结构中存在三个基本的层面，即物质文化、制度文化和精神文化，这三个方面是任何文化形态中都存在的要素。物质文化以在处理人和自然的关系中实现幸福为终极诉求，制度文化以现代民主和法治为内容实现社会正义和效率为价值诉求，精神文化在社会转型期以重建人们的精神信念、寻找崇高和生

---

①　《马克思恩格斯全集》第 1 卷，人民出版社 1995 年版，第 275 页。

②　费孝通：《论文化与文化自觉》，群言出版社 2007 年版，第 190 页。

命意义为课题来实现高尚价值。① 文化的这三个基本层面主要包含了幸福、正义和高尚的价值内涵。这里的"幸福"主要是对应文化的物质结构而言，也就是对应人对客观物质世界的主体对象化活动而言，指人的外在和现世、现实的幸福。因为一旦涉及人的内在终极和永恒取向的幸福和正义，就归属到人对主体内在心理和观念世界的对象化活动，也就跃迁至精神层面的幸福即"高尚"的价值维度。"正义"对应人改造社会的主体对象化活动，是指人与人之间的合理关系及其观念、制度、规范、行为。同时应该看到，不同文化形态间也客观存在着文化的个性差异，在价值成分上可以体现出核心和侧重点的差异，这为不同文化独立存在提供了依据，也为不同文化间的和谐共处提供了可能。对应文化结构的基本层面来考察我国的文化格局，可以发现相当长的时期以来我国文化的这三个层面都处于非同步的发展状态，有广阔的进步空间——物质文化方面与现代化水平之间存在差距，民主法治建设有待进一步加强，思想文化与目标水平之间存在差距。文化体现人的价值性诉求，文化结构中的物质层面、制度层面和精神层面都无一例外地体现人的价值性诉求，差异只是体现在各层面所体现的价值指向各有侧重。幸福、正义和高尚构成了人的整全价值的主要内容，三者之间具有不可替代而又互补的性质，只有三者协调互相满足，才能真正实现人的完整价值诉求。

二　当前我国文化格局的价值维度分析

（一）当前我国的文化格局

关于我国现当代文化格局素有"两方三家"的共识，——戊戌变法前，中国文化是儒家文化占主导地位的一维文化；西方文化传

---

① 刘进田：《文化哲学导论》，法律出版社 1999 年版，第 436 页。

入,与中国传统文化并存,中国文化成为二维的结构;五四运动后马列主义传入,中国文化变为三维格局。这一"两方三家"格局是受到了新儒家、西方自由主义、马克思主义三家共同认可的文化事实。① 受我国现当代文化格局的历史因素影响,我国当代文化格局中现实地存在着传统文化、西方文化和马克思主义文化三种成分。

(二) 我国文化形态中各成分的地位

主导文化。在社会形态中居于支配地位,起着决定作用的文化形态和文化精神,通常也是该社会的主导意识形态文化。主导(意识形态)文化决定着文化的根本意识形态性质。当前中国特色社会主义文化形态中的主导文化是马克思主义及其中国化发展。

主流文化。主流文化是指一定历史环境、一定社会生活中,从历史上传承下来的居于基础性的、起普遍性作用的民族文化传统。中国社会的主流文化是中华民族传统文化。主流传统性文化在社会成员日常生活层面起到基础性和背景性作用,所以中国文化的现代转化甚至马克思主义中国化的建构都依托于中国文化传统的架构。②

除了主导文化和主流文化,我国文化形态中还存在着大众文化形态,大众文化是与现代社会和市场经济相适应的市民文化,所以受西方发达国家影响,它的特点是现代性、商业性、世俗性、标准化、实效性和娱乐性③,具有广泛和普遍的主体,产生于市民中,渗透于日常生活的各个领域,且为普通民众所认同和消费的文化。

除了主导文化、主流文化、大众文化,我国社会文化中还有精英文化或知识分子文化,精英文化的内容和形式是丰富多样的,但在社会文化中呈现出先进性与先锋性的共性特征,对社会文化进

---

① 刘进田:《文化哲学导论》,法律出版社 1999 年版,第 445 页。

② 陈文殿:《全球化与文化个性》,人民出版社 2009 年版,第 319 页。

③ 邹广文:《当代中国大众文化论》,辽宁大学出版社 2000 年版,第 2—3 页。

步、社会文化理想和人文精神的张扬起到重要作用。

（三）　我国文化格局中的价值维度

中华民族传统文化的包容和张力是中华文化得以绵延持续的强大主体因素所在，也是当前我国文化格局中存在多种成分的本体成因；近代中国社会和文化进程被卷入世界历史统一体系中，而当时西方先进国家已经完成了社会基本转型，开始对自身所处社会形态进行反思，而来自异质社会的侵略招致中国的文化抵牾心理和跨越资本主义而直接进入社会主义的意图；当今世界的文化交流和文化涵化较之以往任何历史阶段都更深入、更全面。从现实状况来看，中国近现代的经济基础中，既有大机器生产又有手工劳动的生产力成分，既有市场经济又有生产资料公有制的生产关系。所以，我国当前文化格局的状况是文化继承、文化选择、文化创造、文化互动作用的合力结果。

从我国当前文化格局的三个重要成分而言，虽然各个文化成分中都包含了非单一的价值内容，但从大体上可以做出如下划分：中国现当代文化中的西方自由主义理论价值重点在幸福，新儒家的价值重点在高尚，马克思主义的价值重点在正义[①]；从文化成分在我国文化形态中的地位来看，大众文化的产生和发展都深受现代化和世界历史进程影响，因而较多地带有西方现代文化特点，故而从价值维度来看，同马克思主义文化、中国传统文化一起形成了与文化的三分结构、我国的文化格局之间近似对应的关系。

结合文化次结构与价值之间的对应关系即我国文化格局中各文化成分的地位，可以明确中华民族传统文化为我国当代文化形态的重要来源，西方文化为我国当代文化建设提供借鉴和参考，马克思主义理论在我国当代文化体系中处在主导地位。

---

① 刘进田：《文化哲学导论》，法律出版社 1999 年版，第 444 页。

第四节　大学德育文化进路的现实性分析

在政治与文化的关系上，亨廷顿甚为推崇美国社会学家、政治家丹尼尔·帕特里克·莫伊尼汉的主张："保守地说，真理的中心在于，对一个社会成功起决定作用的是文化，而不是政治。开明地说，真理的中心在于，政治可以改变文化，使文化免于沉沦。"[①]"通过主导政治文化对全社会进行统合，是任何一个国家所不可缺少的重要条件。"[②] 即使从相对中立的社会学的立场也不难发现，"青年的社会化正是要青年接受统一的社会文化规范的过程，也就是一个被特定社会结构一体化的过程。在这个过程中，个性的位置被贬黜，社会的意义得到张扬"[③]。如此，"个性的位置"与"社会的意义"之间也便存在一种制衡关系。

教育和文化是个体与社会的关系博弈中的中间变量，而道德教育与个体与社会关系之间具有更深层的切近性。大学德育采取"育人"的文化立场，人的主体性才能得以尊重，德育的教育本质方能得以坚守；"教育本身即是目的"，当大学德育被迫屈从于为"特定社会结构"培养"特定人"的外来授意，并且这种外来授意被强势置换成为大学德育的主旨，无论这种特定的目的是否具有道德正义性与意义合法性，都会导致大学德育工具理性泛滥的偏失，甚至大学德育可能异化到与这一"培养特定的人"的目的本身相背反

---

① ［美］塞缪尔·亨廷顿：《文化的重要作用——价值观如何影响人类进步》，新华出版社 2002 年版，第 3 页。

② 刘学军：《政治文明的文化视角：中国现代化进程中的政治文化走向》，江西高校出版社 2004 年版，第 371 页。

③ 杨雄等：《社会转型与青年发展》，上海社会科学院出版社 2004 年版，第 129 页。

的境地。大学德育的泛教化，就是这种工具价值取向的表现之一。

当前我国高校德育并非立足于"教育"立场，主要以实现国家意识形态对大学生的认识控制为目标导向而开展。然而，"控制并非爱，控制固守着人与人心灵无交流隔绝状态的距离，使人感觉到控制者不是出于公心，而是在使用狡计，并以被控制者个性泯灭为代价"①。尤其处在学校德育最高阶段的大学德育，必须有效地将"社会控制"转化为文化的教育，才有可能达成"社会控制"的效果，才能有效张扬"社会的意义"。

一　大学德育政治社会化的职能要求

学校教育中的政治社会化问题历来为政权所重视，大学教育因为在社会成员政治社会化中发挥重要的作用，也对社会整合产生非同一般的影响。这种特殊性体现在，大学德育除了通过使社会成员了解、理解和接受的方式确立政治制度及政治思想的合法性而发挥一般意义上的社会整合作用以外，它的社会整合意义直接地与较先进的知识群体和人才资源紧密相关。

（一）大学德育从事政治社会化的必然性

虽然大学作为学术组织有追求自治与自由的传统，然而学校教育承担政治社会化的实践活动，这在古今中外的教育史上都是不争的事实，大学具有社会政治功能。大学具备从事政治社会化活动的可能条件。

首先，从大学本体看，对真理和意义的探求是大学存在的价值所在。大学理应代表一种对终极价值的看法，大学的价值指向就在于那些价值目的。大学的应有之义和重要作用就在于对永恒问题和

---

① ［德］雅斯贝尔斯：《什么是教育》，邹进译，生活·读书·新知三联书店1991年版，第5页。

终极价值的凝思与理性探究。而以统一的价值观念引导人们的政治生活和道德生活,显然构成大学对真理和意义的探求的客观方面,是大学对世界整体秩序的理解,是传承、维护和弘扬社会共同价值观念的客观要求。大学从事政治社会化功能的优势在于能超越政党政治和国家政权的局限性和狭隘因素,着眼于对人类理性和整体利益的服从。

其次,从大学发展史看,大学始终处于现实的人类社会历史进程中,政治对于大学而言是一种先在的客观环境因素,大学无法真正彻底摆脱政治因素的影响,在这一点上,中外一切历史阶段的大学概莫能外。大学的品格一方面体现在探寻终极价值的永恒陈义,另一方面也体现在观照世俗和服务社会的现世情怀。大学社会职能的发挥对象是政治、经济、文化等结构组成的社会有机体,大学总是处在与社会的互动中,大学社会职能的发挥绕不开社会政治作用、政权参与的现实,并且政权总是会要求教育为维护其统治服务,通过政治社会化活动形成一定的意识形态和政治文化,培养合格的政治人才。这也决定了大学无法超越政治性而真正保持"价值中立"。大学的产生和发展始终受到来自政治因素的影响,中世纪大学正是在宗教与世俗势力政治斗争的夹缝中得以产生,其后政治势力也从来没停止过向大学的渗透。当政治决策上升到国家意志层面,更是直接影响到大学的领导权、管理体制以及办学方针与目的等。教育政治就是试图"在某种程度上有意识有组织地影响教育的输入过程和产出,不管它是通过立法、压力集团或工会的行动、实验、私人投资、地方交易、内部革新还是宣传工作实现这一企图"①。

---

① ［美］伯顿·克拉克:《高等教育新论——多学科的研究》,王承绪等译,浙江教育出版社2001年版,第52页。

综合以上两方面，大学作为处在国民教育序列高阶位的、从事高等教育的机构，无法回避为政权培养符合政治性要求的特定规格的人才这一问题。大学也正是通过人才因素而对国家和社会发展发生作用而最终实现其永恒层面和终极高度的存在价值和意义。

（二）大学从事政治社会化的现实性

大学作为社会大系统中的典型政治社会化机构，承担社会意识形态再生产的职能，大学的这种带有社会整合性质的社会作用具有象征国家政治性的意义。大学的政治社会化意义集中体现在对作为文化主体的社会成员尤其是精英分子的文化塑造以及对社会群体的文化引领。

1. 大学政治社会化活动的主体塑造作用

大学通过向大学生传输社会主流意识形态，而培养政治人，促进政治社会化的发展，提高政治社会化水平。大学生处在人生的青年阶段，个性品格、理性思维等处于发展的加速期和高峰期，这一时期也是包括政治社会化在内的个体社会化的良好契机。大学德育对大学生施加的政治社会化活动具有目的性、计划性优势，因而对个体确立符合社会政治规范的政治观点、政治信念和政治情感以及养成相应的政治习惯发生更为显著的影响，也对社会共同体的政治意识发生重要的制约作用。

2. 大学政治社会化活动的群体导向作用

任何社会内部都有稳定地为社会全体成员所共享的整套普遍观念模式，包括思维模式、价值观念等，可以称之为社会共同价值信念。社会共同政治信念与国家政权相关，而国家是社会群体利益的最高代表，所以社会共同政治信念的延续和存在对维系社会成员之间的关系以及维护社会共同体的整体利益尤为重要。在高等教育史上，宗法秩序对社会的控制式微以来，大学就在追求高深学问之外承担起了为世俗社会指引精神和信仰的职责。在真理及其与谬误的区别问题上,"过去人们总是从政府当局和宗教当局那里找到保证,现在除了学者社团就再没有更加可靠的事实真相的伟大的仲裁者了"①,此中的学者社团在很大程度上和实际情况上是指大学。维护社会共同价值信念,凝聚社会共同体的精神,引领社会文化发展,这是大学能够起到的作用,也是大学无可推卸的社会责任。

二　大学德育权威维护的需要

在中国社会转型的动荡和剧变中,多种社会因素的共同作用导致了社会道德波动,在新旧过渡的道德体系交替阶段,对既有的道德规则和道德秩序产生怀疑、冲突和破坏,道德虚无主义由此滋生和蔓延。防止和扭转道德滑坡是德育职能的应有之义,已有学者对转型期学校德育的缺位和失职提出警示:"学校教育在所面临的道德危机中并非无辜的受害者……丧失了它应有的批判和反思功能,反而在相与同流、推波助澜中,与社会其他方面共同酿成了当前的道德危机。"② 德育被赋予道德教化的使命,正是源于德育自身存在着道德真理性所托举的德育权威能够使人信奉和践行的本质规定性。雅斯贝尔斯指出,"对权威的信仰首先是教育的唯一来源和教育的实质"。教育必须具有权力和威严,否则教育将软弱和虚无而不成其为教育。权威是取得信任的基础,真理性和价值连贯性是取得信任的必要条件。"权威需负载真理,或者是当旧的权威走向消亡时,新的权威要担负起从一片混乱中重新塑造决定命运之形象的光荣使命。"③ 由此对于大学德育而言,负载道德真理和道德意义是

---

① [美] 约翰·布鲁克:《高等教育哲学》,徐辉、张民选译,浙江教育出版社 2002 年版,第 140 页。

② 鲁洁:《道德教育的当代论域》,人民出版社 2005 年版,第 155 页。

③ [德] 雅斯贝尔斯:《什么是教育》,邹进译,生活·读书·新知三联书店 1991 年版,第 80—82 页。

建立尊严和取得信任的前提，真理性道德自身的价值和意义为德育权威提供确证不同于靠强迫和压制而获得承认。

（一）道德权威的逻辑与德育权威取向

所谓道德权威，是指："在道德生活中依靠公认的道德原则的效力和威望而使人们自愿服从的道德力量。它是权力对象出于同意而服从的一种关系，这种同意是基于他认为有义务服从之，换言之，出于信任命令和服从关系的合法性。"① 道德作为调节社会关系的主要手段，和法一样，对人的行为及社会规范有两个逻辑，即"持久命令"的强制性逻辑和"自愿服从"的价值性逻辑。"持久命令"的强制性逻辑体现规则的有效性，"自愿服从"的价值性逻辑体现规则价值内涵。② 虽然从本质上说道德权威是一种诱导性权威，但是它并不排除强制性因素的存在，这种强制是以"社会压力"形式作用于个体而产生的内在的精神强制。道德权威正是经由"服从"能动意愿将外在强制转变成内在强制而实现控制力。

道德教育的权威即指："道德教育实践具有启迪人的道德觉悟，培养人的道德情感，坚定人的道德观念和信仰，达到知行合一之境界的令人信服的内在力量。"③ 依据道德权威的逻辑，德育的权威取向可以分为理性德育权威和非理性德育权威。理性德育权威来自德育自身的真理性和价值理性，非理性权威来自德育的外在政治优势和政策庇护。这两种权威的来源不同，走向也各异，德育的非理性权威是以权威强化权威，这种表面的强化会使德育在出离本真的路上越走越远，而德育的理性权威是以权威消解权威，这种消解在实

---

① 莫飞平：《论道德权威》，《江西社会科学》2002 年第 4 期。

② ［英］哈特：《法律的概念》，张显文、郑成良、杜景义、宋金娜译，中国大百科全书出版社 1996 年版，第 24—25 页。

③ 刘丙元：《论国家伦理意识与学校道德教育权威的重塑》，《教育学术月刊》2010 年第 12 期。

质上却是从长计议的建构。非理性权威的德育与权威对象的关系中带有类似于命令的压力,在德育与学生之间建立的是服从关系;理性权威的德育对权威对象产生带有类似感召和吸引的力量,是一种后者对前者的自愿追随。理性权威的德育以使个体产生对道德内在价值的认同为目的,是德育内在力量和内在品质的体现。而非理性权威的德育更趋向于诉诸外在的道德强制,往往不具有或丧失内在权威,表现为不确定和无力,难以构建和维持道德主体与道德之间的确定性关系,无助于主体确立及坚定道德信念,往往导致主体道德认知与道德行为之间的实质不统一。

(二) 我国德育的道德权威主义传统及其消解

道德权威主义是指“把某种道德作为永恒的、至高无上的价值准则对人们进行训导和规范的强制性意愿”。道德权威主义在德育中体现出如下特征:固守和夸张特定的价值观念,轻视、拒斥其他价值观念以及这些观念的持有者;要求个体完全顺从所归属群体的道德价值,保持对受动者的道德优越感;对于任何道德冲突和价值混乱采取简单的判断。[①] 道德权威主义一般存在于封闭性社会,倚靠政治的权力在虚构的整体利益掩护下推行严厉的整体主义价值观。中国传统道德具有道德权威主义的政治依附特征,道德与政治互为对方做合法性辩护,道德是政治合法性的基础,政治是道德合法性的载体。在这样的循环论证中,少数人掌握道德价值的解释权和评价权,自上而下做出道德解释和道德评价,与个体内在道德品质的形成脱节。当原有社会条件发生变化,传统道德权威主义就将被消解。

(三) 当前我国大学德育权威的重建

我国大学德育正处在改革开放以来的道德权威弱化期,这一变

---

① 鲁芳:《道德权威及其认同——兼论走出道德教育的困境》,《湖南师范大学教育科学学报》2007 年第 5 期。

化是政治民主化进程和社会开放程度带来的，但由于政治民主化和
社会开放仍有较大的发展余地，道德权威弱化在短期内还将延续。
改革开放以前，整个社会高度政治化，国家和社会的边界模糊，国
家权力渗透到社会生活各领域；社会成员在价值认同问题上态度整
齐划一，国家所倡导的价值观处在正确和不可违背的地位。但是改
革开放以来，市场经济拓展了个体取得社会资源的途径，文化繁荣
增强了道德的独立性和个体价值观的多元化，特别是国家管理方式
所体现的政治对道德的支持发生变动，促使政治和道德之间建立起
辩证的有机联系，这些社会关系领域发生的变化弱化了原有的道德
权威。

　　从德育权威与政治性之间的现实关系看，道德权威树立和运行
被认为是政治事务而不是社会事务，政治权力还在试图作为道德权
威的解释者对道德的运作进行干涉，构成德育权威没有及时重新树
立或者不能很好发挥道德整合作用的重要原因之一。通过德育途径
实现社会整合是政党和政权的必要考量，即使站在这个客观现实立
场上，契合社会成员的价值追求构成政党所宣扬的价值理念在社会
中形成权威影响力的前提。然而现实中，一方面社会成员的利益诉
求和价值主张具有具体的条件限定性和历史变动性，另一方面政治
决策也受政治团体任务和目标变化影响而变动和更迭。那么，基于
道德权威认同的坚定程度和持久性与道德权威的稳定性之间的正相
关关系，社会主导价值观的理性和非强制的权威取向有助于树立真
正的道德权威。我国政治文明建设和先进文化建设过程中"以人文
本"的价值取向、社会主义核心价值体系及核心价值观建设已经体
现出我国执政党和政府在社会整合中的开明态度和文化视野，这种
文化路向的权威塑造将通过德育内容、德育方式变化的传导作用对
德育权威的重建发生影响，并最终对社会整合产生积极效果。

　　具体到大学德育而言，大学生的道德心理发展已经脱离了对权

威身份和权威规则的绝对遵从阶段，这并不意味着大学生不再需要道德权威的引领，他们恰恰需要建立在认同和尊重基础上的更高类型的权威，这种权威的合法性唯必建立在理性和价值的意义上才能得以彰显。也就是说，文化路向构成大学德育政治性实现的最优进路，并且大学德育的文化进路选择绝不是对大学德育政治性的立场决裂而是一种对政治性过度参与态度的辩证批判，大学德育的政治性和文化性不是两极对立的关系，而是政治性含在于文化性之中的制衡关系，也因为这种含在关系的客观存在，文化性的路向可以实现政治性，反之却未必成立。

政治与道德都是统一的社会经济形态的反映，作为社会主导的政治和道德在方向和性质上始终是一致的。政治对应阶级社会，道德对应人类社会。政治教育中可能有不平等，甚至欺骗、蒙蔽等特征，可以是不道德的或者非道德的；而道德教育则以道德上人格平等为特征，不允许以不道德的手段来达到道德教育的目的。德育中实施政治教育时应该考虑：政治要求是不是合乎道德，政治要求是不是可以被接受和理解？实现政治要求的手段和方式是否合乎教育学的要求？所以，即使对以意识形态为核心内容的政治教育而言，基本属性也是文化的，兼顾了文化取向的政治教育才有持续稳定的实效可言。

三　大学德育的文化属性持守

从大学德育文化属性的本质规定性来看，大学德育必要的文化持守主要是围绕大学德育文化属性中外在工具性与内在价值性的制衡关系而提出，具体体现为价值整全和文化包容的统一、理性与人文的融合、大众意识与精英精神的兼具。

1. 价值整全和文化包容的统一

试图倚重文化的某一成分来解决社会整体现代化问题的思维势

必导致某一时期所凸显的单一结构因脱离整体联系和互动发展的片面运行而归于失败。于是另一单独因素被用来重复这样的历史活动，社会历史陷入无进步或少进步的无效或低效循环。文化发展的历史现实已经屡屡验证了单向度的文化成分发展模式的不恰当，文化对社会发展的这种客观必然性对大学德育的指导意义在于，单一成分取向的道德教育同样会造成学生个体道德观念的波动、摇摆和迷茫。大学德育所要培养的人是全面自由发展的人，那么即使是侧重人的全面本质中的道德素质教育的大学德育依然有必要从人的全面发展的意义上、在文化一般性整体结构和我国当前文化形态各成分所蕴含的整全价值的视野和高度上，科学地确定大学德育的内容设置和育人取向；并且从我国文化传统和马克思主义的文化品格来看，这种取向的历史遗传性文化基因与现实文化主导性依托都是具备的。

中国传统文化素来具有兼容并包的特性。在原初状况中，中国传统文化体系曾经是一个争鸣的局面，道、儒、墨、法等都有各自的主张和发展机会；在文化传承发展过程中，中国传统文化也遭遇佛教、伊斯兰教、游牧文化等文化形态的冲击，但中国传统文化凭借包容特性而避免了文化殊死战，将其他文化吸纳、融入其中——尽管我国传统文化中长期占据主导地位的是具有一元论和精神决定论特征的道德决定论，这种文化思维模式倾向于以文化有机整体剥离出的某一成分作为社会的最终决定因素。中国近世以来对传统文化思维发起过冲击，但这冲击主要停留在对象化的秩序层面，而未触及深层文化心理中的思维模式层面。这种客观性决定了我国文化的包容特性依然有存在的依据，同时传统一元论的道德决定论亟待体现现代性的科学理论的纠偏和提升。

马克思主义强调社会历史进程的人类性和规律性，对人的全面发展以及对人类社会文化整体结构和我国文化格局的理性认知，要求大学德育真正将马克思关于人的全面发展的论述作为现实的目标导向，超越时代和政治功用的局限性、超越德育的工具性取向，把人的全面发展和人的整全价值作为德育统领性目标导向。同时以开放与包容的文化情怀，广泛吸纳非主导文化成分中的有价值的内容。

2. 理性与人文的融合

近代理性主义与人文主义是西方文艺复兴运动中的两种不同精神，近代理性主义主张科学和理性，以科学和宗教两种成分为主要标志；人文主义主张从人的文化创造活动中探寻自由人性和历史进步的根基。

理性是西方现代化进程中的主导精神和精神内核，成为渗透于现代化各个方面的一种文化底蕴。尽管理性文化和人文文化的形成背景、涵盖内容、关注对象大不相同，理性精神和人文精神具有相融的共同基础，二者都尊重和依据客观现实，都以研究客观规律为鹄的。理性教育和人文教育因为理性精神和人文精神的内在一致性而和谐统一，而且在终极价值取向上沟通和互补。一切正确的人文文化都是由科学文化奠基的，一切有益的科学文化都以人文文化为导向。

我国社会的现代化转型汇流在现代化的全球主题中，主客观方面共同决定了理性精神成为我国文化发展不能排斥的内容。对大学德育而言，主导政治思想理论、理想信念教育都是具体化的理性德育内容，在这两方面内容的教育中，科学性和真理性的自性澄明与价值张扬对德育的全部价值和整体的运行都起到基础性作用并产生决定性意义。同样应该被重视的是，德育是"成人"的教育活动，道德是文化的核心内容，德育具有文化性的基本性质，马克思主义德育理论以人的全面自由发展为出发点，"人"在德育中的主体性和目的性是德育价值的根本来源。总之，理性与人文性是大学德育必须兼顾的两个取向，为此，要切实转变教育观念，重视教育的本体性，克服教育的工具性。

3. 大众意识与精英精神的兼具

随着社会体系越来越庞大复杂、对社会意识的影响越来越强大有力，社会意识的相对独立性逐渐让位于对客观规律性的尊重和顺应，在这样的情势下，大学德育必须同时具有大众意识和精英精神，传播精英精神是大学教育的本职，在大学德育中尤其显著。

精英文化又称知识分子文化，大众文化又称世俗文化，二者是相对而言的文化形态。二者的矛盾主要表现在精英文化的启蒙性同大众文化的世俗性之间的矛盾，以及审美情趣上的精英文化的高雅追求与大众文化的通俗追求的冲突。[①] 改革开放以来，社会精神生活主体不断发生分化，社会文化出现分层，大众文化体现出后现代化的文化多元发展；同时，现代媒体和大众文化的消费性、娱乐性也消解这种多元发展，大众文化呈现商品化、同质化以及欺骗性、操纵性、统治性。知识分子是在文化主体的分化、多样化中产生的特殊文化，是社会文化思想和人文精神的重要载体，在社会实践和文化生活中起着特殊作用。社会精英具有历史时代的"使命感"，他们的文化思想和文化活动一般就具有"前卫性""先知先觉性"[②]，在精神生活上具有一定引领性和引导性。

社会对精英的永恒需求和大学的本质意义是大学德育精英精神的客观前提。21 世纪国家之间竞争的实质是人才的竞争，人类的健康可持续发展更需要精英的关怀与引导。大学德育只有在育人的实践中才能体现价值，高等教育大众化阶段的大学招生规模和人才培养模式会发生适应性调整，但社会的人才标准、需求取向以及大

---

①　邹广文：《人类文化的流变与整合》，吉林人民出版社 1998 年版，第 363 页。

②　陈文殿：《全球化与文化个性》，人民出版社 2009 年版，第 320—321 页。

学生的发展规划和自我期待依然有较高指向。也就是说，即使在高等教育大众化阶段，只要大学作为"社会的知识中心和精神殿堂"的身份没有变化，只要社会对知识分子作为"社会的良心"的期待没有变化，只要社会精英主要依赖学校教育培养模式的状况没有变化，大学德育的精英精神就不应该断裂。

在价值整全和文化包容的统一、理性与人文的融合、大众意识与精英精神的兼具这三对关系中，并不存在前后两者分别与大学德育文化属性中外在工具性或内在价值性的简单的直接对应，而可能前后二者中同时包含大学德育文化属性中的工具性或内在价值性成分。但有一点是确定的：三对关系中的前后二者必然或者与大学德育文化属性中的工具性相关，或者与内在价值性相关，或者与二者均相关，每一对并列提出的范畴中必然包含有大学德育文化属性中的外在工具性与内在价值性之间的制衡关系甚至是矛盾关系，而大学德育文化属性中的外在工具性与内在价值性各归其位、各守本分，协调共生、均衡发展，是处理以上三对关系过程中共同遵守的原则，这一点是不可违背的。

结　语

　　"文化"是人类存在的同构体，也具有推动社会历史的能动性。从事文化研究的学者中存在这样的声音，认为"文化研究不应是一个固定的框框，反而应该是一种态度、一种立场，或者一种可能性"。在某些学科内，将文化研究作为一种分析工具或理论进路的，也成为文化研究。①

　　德育首先是培育人的教育活动，它的本质功能就是把个体引向富于德性的美好生活，提升人的生命质量。长期以来，大学德育非本质的外显功能在相当程度上遮蔽了德育育人的本质功能和基本文化属性；在"社会结构"的组织体系、"意识形态"的价值导向、"现代社会"的时代语境中，对大学德育返本求真的思考经常显得多此一举与不合时宜。长此以往，大学德育不断做出价值本质对工具意义的让渡，却越来越发现缺乏达成功能预期的能力。大学德育实效相对薄弱的根源，不在于方法手段选择、目标内容设置，也不在于德育实务和德育过程中的观念指导，更多的是在于理论自觉层面上对学科元问题的认知和态度，"人"的主体缺位构成德育实效性问题的关键，"人"的本质失真也存在于以往对德育逻辑起点的

　　① 罗永生：《文化研究与文化教育：香港经验谈》，《思想》第 15 期《文化研究：游与疑》，台湾聊经出版公司 2008 年版，第 63—64 页。

定位之中。以"人"为中介,德育与文化之间的直接而确定的关联性呈现出来。

人的类本质的形成与文化具有伴生和互成关系,个体的人之身份的获得以文化为基础和前提,人与文化具有实质同一性。文化的总体性质体现为整体性、规律性和进步性、主体性和精神性。从文化差异性存在与发展的视角看,还具有公共性、导向性、选择性、继承性、积累性、互动性等特征。对大学德育中道德、教育、大学、大学生等内在范畴深入探析之下,大学德育的文化属性得到进一步确证。历史因素作用下,当前我国大学德育依然面临中华民族文化传统断裂和泛教化带来的现实问题。现代化发展进程在造成工具理性问题的同时进行的自我修正、现代政治文明发展特征变化、国家职能的现代转变、全球化背景下的文化交流与融合,都对大学德育的文化进路选择提出了要求也提供了助力。当我们向更延展的历史维度和更广阔的社会结构中去找寻意识形态的上层归属时,文化作为人类主体性存在方式经受过历史过滤和时代遴选的特质无法不引人瞩目。我国文化格局的成分及其主要内在价值维度也有待大学德育的文化回应,其中马克思主义的真理性内容及其对大学德育文化引领构成大学德育文化进路的重要依据。从大学德育自身存在和发展的主体性方面来看,发挥大学德育政治社会化作用和维护大学德育权威的理性选择也在于文化的进路。

必要的文化持守是对大学德育文化属性的贯彻:一是,坚持价值整全和文化包容。对人的全面自由发展和我国文化格局的理性认知,要求大学德育真正将马克思关于人的全面发展的论述作为现实的目标导向,注重体现人的整全价值。同时以开放与包容的文化情怀,广泛吸纳非主导文化成分中的有价值的内容;二是,融合理性与人文性。尽管理性传统和人文传统的形成背景、涵盖内容、关注对象大不相同,但理性精神和人文精神具有相融的共同基础,二者在终极价值取向上的沟通和互补也为理性教育和人文教育和谐统一提供了可能依据。"人"在德育中的主体性和目的性是德育价值的根本来源，理性与人文性是大学德育必须兼顾的两个取向；三是，兼具大众意识与精英精神。社会对精英的永恒需求和大学的本质意义是大学德育精英精神的客观前提。21世纪国家之间竞争的实质是人才的竞争，人类的健康可持续发展更需要精英的关怀与引导，社会的人才标准、需求取向以及大学生的发展规划和自我期待依然有较高指向。大学作为"社会的知识中心和精神殿堂"和"社会的良心"，传播精英精神是其本职所在，这在大学德育中尤其重要。

大学德育活动具有特定社会条件下的政治教化性以及与政治规定性相一致的目标和功能的工具性预设。但是从学科高度来看，大学德育具有基本的文化属性，体现道德养成中人的全面发展的目的性和价值所在；而且从政治教化目标的实效达成角度考量，经由文化进路的大学德育路径，能够构成对政治教化实效的更为有力的支持。大学德育的文化属性就是大学德育与文化一般中所包含的文化本质相一致的对文化归属和文化特质的具体体现。在大学德育文化属性的整全内涵中，大学德育作为价值文化的属性必须避免在与具有文化价值功用属性的制衡关系中的失重，平衡教化目标与文化路径的关系，才能最终成就大学德育的内在价值和外在职能。

参考文献

[1] 顾明远：《中国教育的文化基础》，山西教育出版社 2004 年版。

[2] 范捷平：《德国教育思想概论》，上海译文出版社 2003 年版。

[3] 段玉裁：《说文解字注》，上海古籍出版社 1981 年版。

[4] 崔运武：《严复教育思想研究》，辽宁教育出版社 1993 年版。

[5] 程竹汝：《政治文明：历史维度与发展逻辑》，上海人民出版社 2004 年版。

[6] 程美东：《现代化之路——20 世纪后 20 年中国现代化历程的全面解读》，首都师范大学出版社 2003 年版。

[7] 程俊英译注：《诗经》（上），上海古籍出版社 2006 年版。

[8] 成有信主编：《教育学原理》，广东高等教育出版社 1999 年版。

[9] 陈序经：《文化学概观》，中国人民大学出版社 2005 年版。

[10] 陈文殿：《全球化与文化个性》，人民出版社 2009 年版。

[11] 陈桂生：《教育原理》，华东师范大学出版社 1999 年版。

[12] 曾小华：《文化：制度与社会变革》，中国经济出版社 2004 年版。

[13] 蔡俊生、陈荷清、韩林德：《文化论》，人民出版社 2003 年版。

[14] 邴正：《马克思主义文化哲学》，吉林人民出版社 2007 年版。

[15] 本书编写组：《思想道德修养与法律基础》，高等教育出版社 2007 年版。

[16] 班华主编:《现代德育论》,安徽人民出版社 2001 年版。

[17] 《中国大百科全书(哲学卷)》,中国大百科全书出版社 1987 年版。

[18] 《荀子》,中华书局 2007 年版。

[19] [英]纽曼:《大学的理想》,徐辉、顾建新、何曙荣译,浙江教育出版社 2001 年版。

[20] [英]汉迪:《饥饿的灵魂》,刘海明、张建新译,生活·读书·新知三联书店 1999 年版。

[21] [英]哈特:《法律的概念》,张显文、郑成良、杜景义、宋金娜译,中国大百科全书出版社 1996 年版。

[22] [英]达尔文:《人类的由来》,潘光旦、胡寿文译,商务印书馆 1983 年版。

[23] [苏]尼·瓦·贡恰连科:《精神文化:进步的源泉和动力》,戴世吉、张鼎芬、王文郁、杨德娟译,求实出版社 1988 年版。

[24] [美]约翰·S.布鲁贝克:《高等教育哲学》,王承绪等译,浙江教育出版社 1987 年版。

[25] [美]塞缪尔·亨廷顿:《文化的重要作用——价值观如何影响人类进步》,新华出版社 2002 年版。

[26] [美]麦金太尔:《德性之后》,龚群等译,中国社会科学出版社 1995 年版。

[27] [美]罗伯特·凯根:《发展的自我》,韦子木译,浙江教育出版社 1999 年版。

[28] [美]刘易斯·科塞:《理念人》,郭方等译,中央编译出版社 2001 年版。

[29] [美]克利福德·格尔兹:《文化的解释》,纳日碧力戈等译,上海人民出版社 1999 年版。

[30]　〔美〕克莱德·克鲁克洪:《文化与个人》,高佳等译,浙江
　　　人民出版社1986年版。

[31]　〔美〕克拉克·克尔:《大学的功用》,陈学飞等译,江西教
　　　育出版社1993年版。

[32]　〔美〕弗兰克纳:《伦理学》,关键译,生活·读书·新知三
　　　联书店1987年版。

[33]　〔美〕费正清、罗·麦克法夸尔主编:《剑桥中华人民共和国
　　　史(1949—1965)》,王建朗等译,上海人民出版社1990
　　　年版。

[34]　〔美〕杜威:《道德教育原理》,王承绪等译,浙江教育出版
　　　社2003年版。

[35]　〔美〕戴维·E.阿普特:《现代化的政治》,陈尧译,上海世
　　　纪出版集团2011年版。

[36]　〔美〕伯顿·克拉克等:《高等教育新论——多学科的研究》,
　　　王承绪等译,浙江教育出版社2001年版。

[37]　〔美〕安吉洛·M.科迪维拉:《国家的性格:政治怎样制造
　　　和破坏繁荣、家庭和文明礼貌》,张智仁译,上海人民出版
　　　社2001年版。

[38]　〔美〕S.E.佛罗斯特:《西方教育的历史和哲学基础》,吴元
　　　训等译,华夏出版社1987年版。

[39]　〔德〕伊曼努尔·康德:《康德论教育学》,赵鹏、何兆武译,
　　　上海人民出版社2005年版。

[40]　〔德〕雅斯贝尔斯:《什么是教育》,邹进译,生活·读书·
　　　新知三联书店1991年版。

[41]　〔德〕马克斯·韦伯:《社会科学方法论》,杨宫斌译,华夏
　　　出版社1999年版。

[42]　〔德〕蓝德曼:《哲学人类学》,彭富春译,工人出版社1988

年版。

[43]〔德〕赫尔穆特·施密特：《全球大变革——全球时代的政治、经济和文化》，柴方国译，社会科学文献出版社 2001 年版。

[44]（宋）黎靖德：《朱子语类》，中华书局 1986 年版。

[45] 费孝通：《论文化与文化自觉》，群言出版社 2007 年版。

[46] 冯梦龙：《东周列国志》，三秦出版社 2007 年版。

[47] 冯契、尹大贻、朱立元、朱贻庭等主编：《哲学大辞典》（上），上海辞书出版社 2007 年版。

[48] 高平叔编：《蔡元培教育文选》，人民教育出版社 1980 年版。

[49] 高兆明：《制度公正论》，上海文艺出版社 2001 年版。

[50] 龚爱林：《变革中的道德——当前我国伦理道德发展的变化、问题及对策研究》，湖南教育出版社 2000 年版。

[51] 龚海泉：《当代大学德育史论》，华东师范大学出版社 1997 年版。

[52] 龚群：《生命与实践理性》，中国社会科学出版社 2004 年版。

[53] 顾明远：《教育大辞典》，上海教育出版社 1998 年版。

[54] 郭凤志：《德育文化论》，中国社会科学出版社 2008 年版。

[55] 何萍：《马克思主义哲学与文化哲学》，武汉大学出版社 2002 年版。

[56] 胡厚福：《德育学原理》，北京师范大学出版社 1997 年版。

[57] 胡守棻：《德育原理》，北京师范大学出版社 1989 年版。

[58] 胡潇：《文化现象学》，湖南出版社 1991 年版。

[59] 桓宽：《盐铁论》，中华书局 2015 年版。

[60] 黄俊杰：《大学理念与校长遴选》，台湾通识教育教育学会 1998 年版。

[61] 黄书光：《变革与创新：中国中小学德育演进的文化审视》，

山东教育出版社 2007 年版。

[62] 金林祥:《教育学概论》,华东师范大学出版社 2002 年版。

[63] 金生鈜:《德性与教化》,湖南大学出版社 2003 年版。

[64] 景天魁:《社会发展的时空结构》,黑龙江人民出版社 2002 年版。

[65] 李菲:《学校德育的意义关怀研究》,教育科学出版社 2009 年版。

[66] 李萍、林滨:《比较德育》,中国人民大学出版社 2009 年版。

[67] 《梁漱溟全集》,山东人民出版社 1989 年版。

[68] 廖盖隆、孙连成、陈有进等编:《马克思主义百科要览·下卷》,人民日报出版社 1993 年版。

[69] 林均敬:《精神的家园:当代大学启示录》,北京大学出版社 1998 年版。

[70] 刘进田:《文化哲学导论》,法律出版社 1999 年版。

[71] 刘学军:《政治文明的文化视角:中国现代化进程中的政治文化走向》,江西高校出版社 2004 年版。

[72] 卢之超、赵穗明:《马克思主义大辞典》,中国和平出版社 1993 年版。

[73] 鲁芳:《培育道德精神:大学德育之思》,湖南大学出版社 2009 年版。

[74] 鲁洁:《道德教育的当代论域》,人民出版社 2005 年版。

[75] 吕绍纲主编:《周易辞典》,吉林大学出版社 1992 年版。

[76] 南京师范大学教育系编:《教育学》,人民教育出版社 1984 年版。

[77] 潘维:《论我国当代知识分子的"官本位"和"金本位"意识》,赵宝煦:《知识分子与社会发展》,华夏出版社 2003 年版。

［78］戚万学：《道德教育的文化使命》，教育科学出版社 2010 年版。

［79］邱伟光、张耀灿主编：《思想政治教育学原理》，高等教育出版社 2006 年版。

［80］上海辞书出版社组编：《辞海》，上海辞书出版社 1990 年版 235。

［81］石书臣：《主导论：多元文化背景下的高校德育主导性研究》，人民出版社 2011 年版。

［82］水秉和：《知识分子的人文倾向》，辽宁人民出版社 1989 年版。

［83］檀传宝：《学校道德教育原理》，教育科学出版社 2003 年版。

［84］唐汉卫、王夫艳：《全球化、文化变革与学校道德教育的文化使命》，山东人民出版社 2011 年版。

［85］陶行知等：《生活教育文选》，四川教育出版社 1988 年版。

［86］滕大春：《外国教育通史》第 1 卷，山东教育出版社 1989 年版。

［87］涂又光：《中国高等教育史论》，湖北教育出版社 1997 年版。

［88］汪馥郁、郎好成主编：《实用逻辑学词典》，冶金工业出版社 1990 年版。

［89］王炳照、阎国华：《中国教育思想通史》第 1 卷，湖南教育出版社 1994 年版。

［90］王力波：《列子译注》，黑龙江人民出版社 2003 年版。

［91］王仕民：《德育文化论》，中山大学出版社 2007 年版。

［92］王小波等：《知识分子应该干什么》，时事出版社 1999 年版。

［93］王治军：《中国古代社会形态与课程的关系》，杨玉厚：《中国课程变革研究》，陕西人民教育出版社 1993 年版。

［94］吴亚林：《价值与教育》，北京师范大学出版社 2009 年版。

［95］许敏：《道德教育的人文本性》，中国社会科学出版社 2008 年版。

［96］许慎：《说文解字》，上海古籍出版社 2007 年版。

［97］ 许苏民：《文化哲学》，上海人民出版社 1990 年版。

［98］ 杨念群：《儒学地域化的近代形态》，生活·读书·新知三联书店 1997 年版。

［99］ 杨善民、韩峰：《文化哲学》，山东大学出版社 2004 年版。

［100］ 杨雄等：《社会转型与青年发展》，上海社会科学院出版社 2004 年版。

［101］ 杨藻镜：《第二语言教学中的语言对比与文化对比》，胡文仲：《文化与交际》，外语教学与研究出版社 1994 年版。

［102］ 叶澜：《教育概论》，人民教育出版社 1991 年版。

［103］ 叶澜：《教育理论与学校实践》，高等教育出版社 2000 年版。

［104］ 衣俊卿：《文化哲学十五讲》，北京大学出版社 2004 年版。

［105］ 袁本新、王丽蓉：《人本德育论：大学生思想政治教育的人文关怀与人才资源开发研究》，人民出版社 2008 年版。

［106］ 袁振国：《当代教育学》，北教育科学出版社 1999 年版。

［107］ 张岱年：《中国哲学大纲》，中国社会科学出版社 1982 年版。

［108］ 张汝伦：《思考与批判》，生活·读书·新知三联书店 1999 年版。

［109］ 张世欣：《中国古代思想道德教育史》，浙江大学出版社 2010 年版。

［110］ 张澍军：《德育哲学引论》，教育科学出版社 2008 年版。

［111］ 张祥云：《大学教育：回归人文之蕴》，中山大学出版社 2004 年版。

［112］ 张应强：《文化视野中的高等教育》，南京师范大学出版社 1999 年版。

［113］ 郑广永：《文化的超越性研究》，黑龙江人民出版社 2006 年版。

［114］ 郑航：《中国近代德育课程史》，人民教育出版社 2004 年版。

[115] 郑金洲:《教育通论》,华东师范大学出版社 2000 年版。

[116] 中共中央文献研究室、新华通讯社编:《毛泽东新闻工作文选》,新华出版社 1983 年版。

[117] 钟启泉、黄志诚:《西方德育理论》,陕西人民教育出版社1998 年版。

[118] 周德昌、江月孙:《简明教育辞典》,广东高等教育出版社1992 年版。

[119] 朱贻庭主编:《伦理学大辞典》,上海辞书出版社 2002 年版。

[120] 郝德永:《课程与文化:一个后现代的检视》,教育科学出版社 2002 年版。

[121] 联合国教科文组织国际教育发展委员会:《学会生存:教育世界的今天和明天》,教育科学出版社 1996 年版。

[122] 张维迎:《大学的逻辑》,北京大学出版社 2004 年版 125。

[123] 邹广文:《当代中国大众文化论》,辽宁大学出版社 2000年版。

[124] 邹广文:《人类文化的流变与整合》,吉林人民出版社 1998年版。

[125] 邹进:《现代德国文化教育学》,山西教育出版社 1992 年版。

[126] 曹世敏:《学校德育边界论及其实践意义》,《教育理论与实践》2001 年第 12 期。

[127] 陈殿林、王天恩:《论思想政治教育学的逻辑起点》,《江西师范大学学报(哲学社会科学版)》2009 年第 2 期。

[128] 陈飞:《马克思哲学视野中生活世界与思想政治教育》,《思想理论教育》2009 年第 7 期。

[129] 成有信:《现代教育的特点及其本质》,《中国社会科学》1984 年第 6 期。

[130] 代长彬:《思想政治教育学的逻辑起点——现实的人》,《长

春工业大学学报（社会科学版）》2010 年第 1 期。

［131］戴克明：《关于提高德育实效性的思考》，《中国教育学刊》2000 年第 6 期。

［132］董同彬：《文化德育：高校思想政治教育新路径》，《成人教育》2011 年第 12 期。

［133］董云川、刘永存：《论人的存在方式对教育的规定性与教育的超越》，《思想战线》2010 年第 2 期。

［134］方非环：《论儒家的"仁学"思想与中国古代德育教育基本框架》，《上海理工大学学报（社会科学版）》2001 年第 1 期。

［135］傅琳凯：《关于德育实效内涵的思考》，《长春工业大学学报（社会科学版）》2006 年第 3 期。

［136］甘绍平：《道德规范起源的再思考》，《哲学动态》2011 年第 7 期。

［137］高德胜：《割裂的现代德育》，《上海教育科研》2000 年第 6 期。

［138］高艳青：《反思与重构："文化型"高校思想政治教育论析》，《石家庄经济管理学院学报》2010 年第 4 期。

［139］葛喜平：《高校德育过程实效性低的理性分析与对策研究》，《学术交流》2004 年第 9 期。

［140］顾友仁：《我国当代思想政治教育的文化属性及其选择》，《大连理工大学学报》2011 年第 4 期。

［141］郭湛、田建华：《理解文化及其可持续发展》，《中国人民大学学报》2002 年第 5 期。

［142］韩东屏：《道德究竟是什么——对道德起源与本质的追问》，《学术月刊》2011 年第 9 期。

［143］胡发贵：《"立德"与"成德"——论中国古代教育的价值

诉求》，《江苏大学学报（社会科学版）》2007 年第 4 期。

[144] 扈中平：《对道德的核心和道德教育的重新思考》，《华东师范大学学报（教育科学版）》2001 年第 2 期。

[145] 霍桂桓：《全球化背景下的文化哲学研究初探（上）》，《哲学动态》2002 年第 4 期。

[146] 菅美美：《思想政治教育学的逻辑起点思考》，《经济研究导刊》2012 年第 22 期。

[147] 金雁：《文化视域中的大学德育——对改革开放以来大学德育的一种反思》，《江汉论坛》2010 年第 10 期。

[148] 蓝宏儒：《论思想政治教育与人的主体性发展》，《广西职业技术学院学报》2009 年第 2 期。

[149] 李班：《论孔子的道德教育思想》，《浙江社会科学》1997 年第 5 期。

[150] 李储涛：《身体：道德教育的逻辑起点》，《当代教育科学》2012 年第 12 期。

[151] 李会红：《高校德育实效性的内涵与特点自议》，《长春工业大学学报（社会科学版）》2006 年第 3 期。

[152] 梁德友：《思想政治教育价值的人性论视角》，《学校党建与思想教育（上半月）》2008 年第 1 期。

[153] 刘丙元：《论国家伦理意识与学校道德教育权威的重塑》，《教育学术月刊》2010 年第 12 期。

[154] 刘近：《思想政治教育学逻辑起点研究述评——兼论意志：思想政治教育学的逻辑起点》，《长春工业大学学报（高教研究版）》2010 年第 1 期。

[155] 刘涛：《思想政治教育的文化属性》，《辽宁行政学院学报》2007 年第 6 期。

[156] 刘鑫淼：《关于思想政治教育学科发展的哲学思考》，《江苏

高教》2011 年第 2 期。

[157] 刘亚敏:《知识分子与大学精神》,《高等教育研究》2005 年第 9 期。

[158] 龙宝新:《论德育的文化属性》,《当代教育科学》2009 年第 5 期。

[159] 鲁芳:《道德权威及其认同——兼论走出道德教育的困境》,《湖南师范大学教育科学学报》2007 年第 5 期。

[160] 鲁洁:《关系中的人:当代道德教育的一种人学探讨》,《教育研究》2002 年第 1 期。

[161] 孟建伟:《探寻科学与人文文化的汇合点——对当代西方人文主义的文化整合思潮的反思》,《自然辩证法研究》1997 年第 2 期。

[162] 莫飞平:《论道德权威》,《江西社会科学》2002 年第 4 期。

[163] 彭未名:《大学德育:在文化动力中生成》,《高教探索》2005 年第 5 期。

[164] 朴雪涛:《大学德育有效性:一个真实的假问题》,《探索与争鸣》2002 年第 1 期。

[165] 秦在东:《思想政治教育学理论结构探究》,《华东师范大学学报(人文社会科学版)》2012 年第 1 期。

[166] 瞿天山、杨炎轩:《学校德育有效性的现实考察及其评价》,《教育理论与实践》2000 年第 7 期。

[167] 曲星:《人类命运共同体的价值观基础》,《求是》2013 年第 4 期。

[168] 沈道海:《论高校思想政治教育的文化取向》,《煤炭高等教育》2009 年第 4 期。

[169] 沈江龙、沈楚:《人文关怀:思想政治教育的逻辑起点》,《河南社会科学》2009 年第 1 期。

［170］沈壮海：《关于世纪之交高校德育的回顾与展望》，《清华大学教育研究》1999 年第 2 期。

［171］石海泉：《浅析思想政治教育的逻辑起点》，《才智》2010 年第 8 期。

［172］孙彩平：《教育起源于人的道德———一种新的伦理视角》，《江苏教育学院学报（社会科学版）》2003 年第 2 期。

［173］孙广玉：《关于德育实效性问题的探讨》，《党史文苑》2004 年第 4 期。

［174］王报换：《论高校思想政治教育的文化底蕴》，《北京教育（德育）》2008 年第 1 期。

［175］田为民：《文化与权力———解读当代西方政治沟通理论研究中的文化取向》，《社会科学战线》2001 年第 2 期。

［176］王焕芝：《文化哲学视野下的高校德育模式建构———高校德育元研究》，《哈尔滨学院学报》2008 年第 5 期。

［177］王建峰：《论马克思"现实的人"产生的理论嬗变》，《河南师范大学学报（哲学社科科学版）》2010 年第 1 期。

［178］王淑文：《基于文化情境的大学生思想政治教育探析》，《思想政治教育研究》2008 年第 6 期。

［179］王欣婷、崔华前：《思想政治教育学的逻辑起点思考》，《合肥工业大学学报（社会科学版）》2012 年第 4 期。

［180］尉天骄、王恒亮：《论思想政治教育的文化属性》，《求实》2010 年第 8 期。

［181］文小勇、石颖：《政治文化：母体、存在方式、价值与能力———兼对"体制之母"文化的现实解读》，《宁波党校学报》2004 年第 2 期。

［182］肖川：《主体性道德人格：概念和特征》，《北京师范大学学报》1999 年第 3 期。

［183］徐志远：《思想与行为：思想政治教育学的逻辑起点》，《中国青年政治学院学报》2004 年第 2 期。

［184］严善昌：《试论中小学德育实效性的策划与营建》，《中国教育学刊》1992 年第 5 期。

［185］杨四耕：《教学理解与人文化成——教学诠释学研究》，《华东师范大学学报（教育科学版）》2004 年第 4 期。

［186］叶澜：《试论当代中国教育价值取向之偏差》，《教育研究》1989 年第 8 期。

［187］叶宗波：《文化自觉：多元文化背景下增强高校思想政治教育实效性的新向度》，《学校党建与思想教育》2011 年第 23 期。

［188］张楚廷：《高等教育生命论哲学观》，《湖南文理学院学报》2005 年第 4 期。

［189］张岱年：《论价值的层次》，《中国社会科学》1990 年第 3 期。

［190］张康之：《道德存在：把握完整的人的必要维度》，《社会科学研究》2006 年第 3 期。

［191］张平：《德育实效性问题与世纪抉择》，《教育理论与实践》1998 年第 2 期。

［192］张文庭：《教育的价值度与终极使命——访黄克剑先生》，《教育评论》1993 年第 4 期。

［193］赵义良：《古希腊德性教育思想的哲学基础与理论内涵》，《北京航空航天大学学报（社会科学版）》2011 年第 1 期。

［194］郑忠梅，张应强：《文化取向下的大学德育课程教学设计》，《教育研究与实验》2009 年第 4 期。

［195］郑忠梅：《大学德育研究的文化取向》，《高等教育研究》2009 年第 12 期。

［196］周德刚：《经济交往中文化认同的理论及其探微》，《兰州学

刊》2007 年第 2 期。

[197] 朱国仁：《从象牙塔到社会服务》，《清华大学教育研究》
1999 年第 1 期。

[198] 郭凤志：《德育文化论》，博士学位论文，东北师范大学，
2005 年。

[199] 胡剑云：《关于德育逻辑起点的思考》，硕士学位论文，江
西师范大学，2008 年。

[200] 刘柏志：《文化视野中的公共行政：一种政治走向》，硕士
学位论文，中国人民大学，2005 年。

[201] 刘合行：《论道德的文化价值》，博士学位论文，南京大学，
2006 年。

[202] 任燕红：《大学功能的整体性及其重建》，博士学位论文，
西南大学，2012 年。

[203] 尚洪波：《大学的伦理精神——蔡元培教育思想的伦理研
究》，博士学位论文，南京师范大学，2007 年。

[204] 许冰：《共生视野下我国大学道德教育若干问题研究》，硕
士学位论文，四川师范大学，2007 年。

[205] 杨宗阳：《文化自觉视域下高校思想政治教育研究》，硕士
学位论文，西北农林科技大学，2011 年。

[206] 袁力：《中外高校道德教育的比较研究》，硕士学位论文，
山东师范大学，2009 年。

[207] 张金灵：《思想政治教育教化功能研究》，硕士学位论文，
广东外语外贸大学，2017 年。

[208] 朱炜：《文化视域中的高校德育研究》，博士学位论文，华
东师范大学，2006 年。

[209] 李重、张再林：《当今文化哲学研究的问题与出路》，《光明
日报》2007 年 6 月 26 日。

［210］丽阳:《发掘留学的"无形资产"》,《中国教育报》2002 年 2 月 12 日。

［211］潘懋元:《高校办学应避免同质化》,《中国教育报》2011 年 7 月 4 日。

［212］Bruner, Jerome S. , *The Culture of Education*, Harvard University Press, 1996.

［213］Lord, Carnes, *Education and Culture in the Political Thoughts of Aristotle*, Cornell University Press, 1982.

［214］Rachles, J. , *The Elements of Moral Philosophy*, *Singapore*, McGraw-HillBook Co. , 1999.

［215］Chazzan Barry. *Contemporary Approaches to Moral Edueation*. NewYork: Teaehers College Press, 1985.

［216］Graham Haydon, *Teaching about Values*:*A New Approach*. London: Cassel Wllington, 1997.

［217］Jurgen Habernnas, *The Philosophical Discourse of Modernity*, Polity Press, 1987.

［218］Andrew Stables, "Multiculturalism and Moral Education: Individual Positioning, Dialogue and Cultural Practice", *Journal of Moral Education*, No. 2, 2005.

［219］Jacobson, W. , "Learning, culture, and learning culture", *Adult Education Quarterly*, No. 1, 1996.